KB213763

2012년 10월 2일 초판 1쇄 발행 | 2012년 9월 25일 초판 1쇄 인쇄

글 노희옥 | 그림 최영호

펴낸이 정태선
기획 · 편집 안경란 · 이소영 | 디자인 고정자 · 이상명 | 마케팅 김현우

펴낸곳 파란정원 | 출판등록 제395-2010-000070호
주소 서울시 서대문구 홍제동 90-15 2층 | 전화 02-6925-1628 | 팩스 02-723-1629
전자우편 eatingbooks@naver.com
출력 스크린출력 | 종이 진영지업 | 인쇄 조일문화 | 제본 동양실업

ⓒ파란정원 2012
ISBN 978-89-94813-26-4 63710

# 나, 오늘은
## 한번에 꿰뚫는
# 고사성어

글 노희옥 | 그림 최영호

파란정원

친구들이 새로운 일을 하려고 할 때 엄마에게서 이런 말을 들어본
친구들이 많을 거예요.

"작심삼일(作心三日)이 안 되도록 열심히 노력해!"

여기서 작심삼일은 마음먹은 지 얼마 되지 않아서 포기한다는 뜻을
가진 고사성어예요. 이처럼 우리는 알게 모르게 생활 속에서 고사
성어를 많이 쓰고 있어요. 부모님의 대화나 선생님의 말씀, 신문기
사나 뉴스에도 자주 등장하지요.

고사성어는 옛날에 있었던 일[고사(故事)]에서 유래 되는 말로, 고
사의 대부분이 중국 역사나 고전에서 나온 것이 많아요. 그 때문에
고사성어 속에는 옛사람들의 지혜와 교훈이 담겨 있어 우리가 살아

가는 데도 많은 도움이 되지요.

고사성어를 쓸 때 그 뜻을 정확하게 알고 적절히 쓰면, 자기의 생각을 간단하게 표현할 수 있어 편리하고, 어휘력을 키우는 데도 좋아요. 하지만 고사성어는 우리말이 아니므로 무조건 외우려 하면 지겹고, 힘든 공부가 될 수 있어요.

이 책에서는 고사성어의 유래를 통해 정확한 고사성어의 의미를 이해하고, 재미와 함께하는 이야기와 교과서 속 사자성어 퀴즈로 어떤 상황에서 사용해야 하는지 적절한 표현 방법을 자연스럽게 익힐 수 있게 도와 즐거운 고사성어 시간이 될 거예요.

노희옥

● 차 례 ●

고사성어란? ★8

고사성어를 재미있게 공부할 수 있을까요! ★9

# 고사성어란?

고사성어란 옛날에 있었던 일에서 유래되어 사람들에 의해 널리 쓰이는 말을 말해요. 주로 네 개의 한자로 이루어진 말로 사자성어와 함께 쓰이기도 하지요. 고사성어는 상황이나 감정 등을 한마디 말로 잘 나타낼 수 있어요.

예를 들어, 아주 답답할 때 사면초가(四面楚歌)라는 말을 해요. 사방이 꽉 막혀 고립된 상황을 뜻하는 거예요. 또, 잘못을 저질렀을 때는 들킬까 봐 전전긍긍(戰戰兢兢)한다고 하는데, 이는 몹시 두려워서 덜덜 떨며 조심한다는 뜻이에요.

이렇게 고사성어는 일상생활에서 흔히 쓰이고 있고, 신문이나 잡지에서도 많이 나와요.

특히, 고사(故事)의 대부분이 중국 역사나 고전에서 나온 것으로, 그 속에는 옛사람들의 지혜와 교훈도 담겨 있어 생활 속에서 우리의 말과 글을 풍부하게 해 준답니다.

# 고사성어를 재미있게 공부할 수 있을까요?

한글이나 영어를 공부할 때, 가장 좋은 방법은 책이나 이야기를 통해서 자연스럽게 익히는 거예요. 고사성어도 마찬가지예요.

고사성어를 한 자 한 자 외우려고 하면, 어렵고 힘들어 금방 지치게 될 거예요. 하지만 고사성어에 얽힌 이야기인 고사를 읽다 보면, 어떻게 그 말이 나오게 되었는지 이해하게 되고 고사성어를 좀 더 쉽고 재미있게 공부할 수 있게 돼요.

고사를 통해 고사성어를 이해한 다음에는 비슷한 말이나 반대말 또는 속담과 연관을 지어 공부하면 좋아요.

예를 들어, 설상가상(雪上加霜)은 안 좋은 일들이 겹친다는 뜻인데, 반대말에는 좋은 일이 겹친다는 뜻을 가진 금상첨화(錦上添花)를 찾을 수 있어요. 또, 속담 중에 '뒤로 자빠져도 코가 깨진다'는 말과도 뜻이 통해요.

이처럼 고사성어는 꼬리에 꼬리를 물며 공부하면 더욱 재미있게 공부할 수 있답니다.

# 01 유비무환

## 평안할 때 위태로운 때를 대비하라

**출전** 〈서경(書經)〉의 〈열명편〉

여러 나라가 자신의 세력을 넓히기 위해 심하게 다투던 시기였던 춘추시대에 있었던 일이에요.

어느 해, 정나라가 군사를 이끌고 송나라를 침략해 왔어요. 힘이 부족했던 송나라는 급히 진나라의 황제 도공에게 도움을 청했고, 도공은 즉시 노와 제, 조나라 등 12개국에 사신을 보내 연합군을 만들었지요.

그리고 사마위강이라는 유능한 신하를 총지휘관에 앉혀, 마침내 정나라에게 연합국에는 침범하지 않겠다는 불가침조약을 맺게 했어요.

하지만 이 소식을 들은 초나라는 북쪽 나라와 조약을 맺었다는 것에 불만을 품고 정나라를 침략해 왔어요. 이미 초나라 군대의 강력함을 알던 정나라는 고개를 숙여 초나라와도 화의를 맺었지요.

이런 정나라의 태도는 불가침조약을 맺었던 나라들에도 불만을 품게 해 다시 정나라를 침략하게 했어요. 다행히 진나라의 주선으로 다시 화의를 맺게 된 정나라는 진나라 황제 도공에게 값진 보물과 궁녀를 선물로 보냈고, 도공은 이것을 다시 큰 공을 세운 사마위강에게 하사했지요.

하지만 사마위강은 선물을 거절하며 말했어요.

"평안할 때에도 위태로운 때를 생각하여 언제나 준비해야 합니다. 충분한 준비가 되어 있으면 근심은 사라지게 될 것입니다[유비즉무환(有備則無患)]."

이 말을 전해 들은 진나라 황제 도공은 머리를 끄덕이며, 보물을 모두 정나라로 돌려보냈어요.

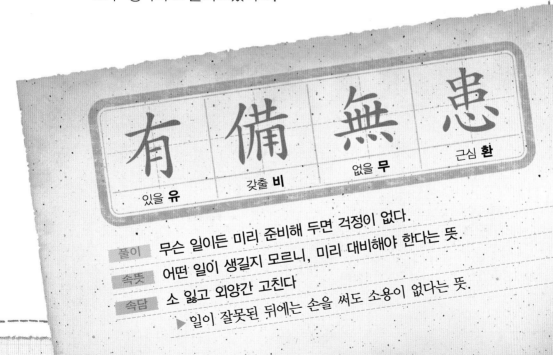

有 있을 **유** 備 갖출 **비** 無 없을 **무** 患 근심 **환**

풀이 무슨 일이든 미리 준비해 두면 걱정이 없다.

속뜻 어떤 일이 생길지 모르니, 미리 대비해야 한다는 뜻.

속담 소 잃고 외양간 고친다
▶ 일이 잘못된 뒤에는 손을 써도 소용이 없다는 뜻.

와 함께 하는 이야기 속 **유비무환**

"재미야, 학용품 사러 가자."

봄 방학이 끝나갈 무렵, 엄마가 재미를 데리고 대형 마트로 향했어요. 그러고 보니 작년에도 엄마랑 학용품을 샀던 기억이 났지요.

"재미야, 이거 어때?"

엄마는 공책 두 권을 들어 보이며 물었어요.

"좋아!"

"재미야, 이 필통은 어때?"

"좋아!"

"보지도 않고 '좋다'고 하지 말고 네가 쓸 거니까 잘 좀 골라 봐. 매해 학용품 사주면 좋아하더니……. 3학년 되더니 좀 컸다고 귀찮니?"

"사실, 좀 귀찮아. 작년에 쓰던 거 그냥 쓰면 되는데."

"공책, 연필, 풀이나 색종이는 사야지. 가위도 잃어버렸잖아. 한꺼번에 사 놔야 급할 때 꺼내 쓰지! 유비무환이라고, 미리미리

12

준비하면 걱정이 없는 거야."

"그럼, 엄마가 알아서 해주던가. 나는 이제 좀 빼줘."

재미가 툴툴거리며 장난감 코너로 가버리자 엄마는 살짝 눈을 흘겼어요.

"새 걸 사준데도 싫다고……."

엄마가 학용품들을 계산대 위에 놓자, 재미가 뛰어왔어요.

"이것도 같이 계산해."

재미는 커다란 비행 조종기를 계산대에 척 올려놓았지요.

"이건 뭐하게?"

재미는 당당하게 말했어요.

"미리미리 준비해야 한다며? 3학년부터 과학 배우던데, 비행기 실험해보려고……. 유비무환이니까 미리미리 과학 실험을 해봐야지."

엄마는 고개를 절레절레 흔들었어요.

"왜, 과학 공부하게 공룡도 종류별로 사지?"

"맞아! 그거 좋은 생각이야!"

엄마가 말리기도 전에 재미는 장난감 코너로 뛰어갔답니다.

# 개미와 베짱이

2학년 1학기  듣기·말하기

**1** 숲 속 마을에 개미와 베짱이가 살았어요. 개미는 추운 겨울을 대비해 봄, 여름, 가을 열심히 일했어요. 하지만 베짱이는 다가오지도 않은 겨울을 대비하는 개미들을 놀려대며, 노래하고 빈둥거렸지요. 개미처럼 미리미리 미래를 준비하는 행동을 무엇이라 할까요?

있다, 없다는 뜻을 가진 서로 반대되는 한자예요.

|   | 備 |   | 患 |   |
|---|---|---|---|---|

**2** 하지만 추운 겨울이 되자, 베짱이에게는 따뜻한 집도 먹을 음식도 없었어요. 베짱이는 개미에게 찾아가 그동안 있었던 일을 사과하고, 도움을 청해야 했답니다. 이런 베짱이의 뒤늦은 후회를 보며 자주 쓰이는 속담은 무엇일까요?

도둑맞고 사립 고친다와 같은 뜻을 가진 속담이에요.

# 02 당국자미

## 책임자보다 잘 보는 방관자

출전 《신당서(新唐書)》의 〈원행충전〉

당나라 황제 현종에게 재능이 높은 학자로 평가받던 원담은 어느 날 현종에게 유가의 경전인 《예기(禮記)》를 새롭게 정리하여 펴내라는 명을 받았어요.

원담은 국자감 박사 범행공, 시경본과 함께 이 책을 정리하여 모두 15편으로 엮고, 여기에 주석을 달아 현종에게 바쳤지요. 현종은 흐뭇해하며 우승상 장열에게 의견을 물었어요. 하지만 장열은 이 책이 필요하지 않다고 생각했어요.

"폐하, 《예기》는 유가의 경전으로서, 서한시대 대성(戴聖)들이 쉽게 풀어 편찬한 것입니다. 이 책은 이미 천여 년 동안 읽히며 오랜 시간 검증을 받았습니다. 그래서 신의 생각으로는 새로운 책으로 대체할 필요가 없을 듯합니다."

현종은 장열의 말에 고개를 끄덕였어요. 원담은 자신들의 노력이 헛되어진 것을 알고, 《석의(釋疑)》라는 주인과 손님이 대화하는 글을 써 대성들이 편찬한 《예기》와 자신들이 정리한 《예기》를 비교하고, 자신들이 편찬한 것이 더 우수하다고 주장했지요.

그리고 손님의 입을 빌려 당국자미(當局者迷)라는 말로 자신의 마음을 알렸다고 해요.

"현종 황제와 장열은 모두 당사자들로서 내용을 잘 알지 못한다[당국자미(當局者迷)]. 이것은 바둑을 둘 때 두는 사람이 보지 못한 것을 구경하는 사람이 더 잘 아는 것과 같은 것이다."

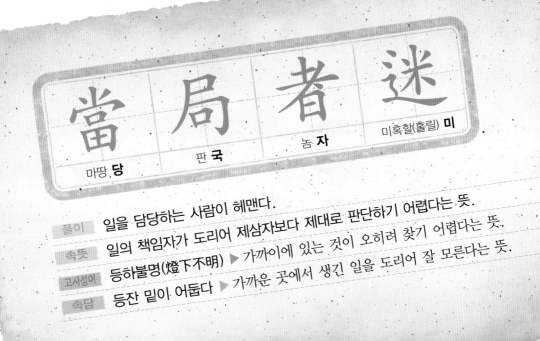

當 마땅.당   局 판.국   者 놈.자   迷 미혹할(홀릴) 미

풀이 | 일을 담당하는 사람이 헤맨다.

속뜻 | 일의 책임자가 도리어 제삼자보다 제대로 판단하기 어렵다는 뜻.

고사성어 | 등하불명(燈下不明) ▶ 가까이에 있는 것이 오히려 찾기 어렵다는 뜻.

속담 | 등잔 밑이 어둡다 ▶ 가까운 곳에서 생긴 일을 도리어 잘 모른다는 뜻.

와 함께 하는 이야기 속 **당국자미**

"재미야, 내일이 개학이지?"

"응."

"가방 미리 챙겨놔야겠다."

"내가 알아서 할게."

"새로 산 학용품이 어디 있는지도 모르잖아. 오늘은 엄마가

준비해줄게."

엄마는 책장 속에서 이것저것 꺼내왔어요. 가방 속에 차곡차

곡 챙겨 넣던 엄마는 고개를 갸웃거리며 다시 책장으로 갔지요.

"이상하다. 분명히 여기 넣어 두었는데……."

"뭐를?"

재미가 다가와 물었어요.

"어제 필통만 꺼내서 연필을 깎아 넣어 두었는데, 어디다 뒀는지 기억이 안 나."

"쓰던 거 그냥 쓰면 되지."

"그래도 찾아야지. 너도 좀 찾아봐."

재미는 엄마랑 벽장이며 창고까지 구석구석 찾아보았어요.

"엄마, 못 찾겠어. 그냥 쓰던 거 가져갈래."

"후유, 내가 요즘 왜 이리 정신이 없는지……."

재미가 낡은 필통을 꺼내 정리하는 동안에도 엄마는 계속 여기저기 찾고 있었지요.

"엄마, 그만 찾아."

"그래, 도저히 못 찾겠다."

그제야 포기한 엄마는 어지럽혀진 집을 치우기 시작했어요.

재미는 낡은 필통을 가방 속에 넣었지요. 필통을 넣는데 안쪽 주머니가 불룩하게 나와 있는 것이 보였어요.

"뭐지?"

재미는 주머니 속 깊이 손을 넣었어요.

"어? 새 필통이잖아!"

그 소리에 엄마가 달려왔어요.

"찾았어? 어디 있었어?"

"엄마도 참! 가방 안에 넣어 놓고 온 집안을 찾아다닌 거야?"

"가방에 있었어? 아……, 그러고 보니 생각난다! 아이고, 당국자미란 말이 딱 맞네. 가방에 넣은 나보다 구경하던 네가 더 잘 찾는구나."

어이가 없었는지 엄마도 재미도 웃고 말았답니다.

## 사윗감을 찾아 나선 두더지

**1학년 1학기  듣기·말하기**

**1** 아빠 두더지는 귀한 딸을 시집보내기 위해 세상에서 가장 힘센 신랑을 찾아 떠나요. 하지만 가장 힘이 셀 것 같았던 ▨▨은 ▨▨에 가리고, ▨▨은 ▨▨에 흩어졌어요. 또, ▨▨은 ▨▨ 앞에서 꼼짝을 하지 못했고, ▨▨는 발밑 ▨▨ 때문에 기우뚱했어요. 순서대로 나열해 보세요.

風 바람 풍,
日 해 일,
雲 구름 운은 날씨와
관련된 한자예요.

❶ 바람   ❷ 해님   ❸ 두더지
❹ 구름   ❺ 돌부처님

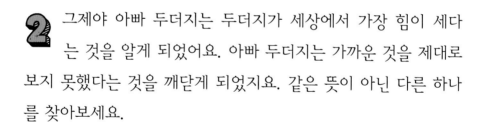

**2** 그제야 아빠 두더지는 두더지가 세상에서 가장 힘이 세다는 것을 알게 되었어요. 아빠 두더지는 가까운 것을 제대로 보지 못했다는 것을 깨닫게 되었지요. 같은 뜻이 아닌 다른 하나를 찾아보세요.

❶ 당국자미(當局者迷)   ❷ 등잔 밑이 어둡다
❸ 자업자득(自業自得)   ❹ 등하불명(燈下不明)

# 03

# 견물생심

## 금구슬을 버린 형제

아주 먼 옛날, 충청남도 예산에는 호장이라는 벼슬을 지낸 이성만, 이순 형제가 살고 있었어요. 의좋기로 소문난 이 형제는 우연히 강을 건너다 금구슬 두 개를 줍게 되었지요.

"형님! 여기 금구슬이 두 개나 있습니다."

"정말 그렇구나. 이 귀한 것이 어찌 이런 곳에……. 이 구슬은 네가 찾은 것이니 모두 네가 갖도록 하여라!"

형은 금구슬을 찾은 동생이 모두 가져야 한다고 말했어요. 하지만 동생은 형에게 그럴 수 없다며 하나씩 나누어 갖자고 말했지요.

"아닙니다. 우리가 찾은 것이니, 형님이 큰 것을 제가 작은 것을 나누어 갖도록 해요."

그리하여 큰 것은 형이, 작은 것은 아우가 나누어 갖게 되었어요. 그런데 배를 타고 강을 건너던 형제의 마음속에 점점 욕심이 생겼어요. 아우는 '내가 더 큰 것을 가질걸', 형은 '혼자 왔으면 내가 다 가질 수 있었는데…….' 하며 서로의 금구슬을 탐냈지요.

그런데 순간 아우가 금구슬을 강물에 풍덩 던져버렸어요. 깜짝 놀란 형이 왜 그랬느냐고 묻자 아우가 말했어요.

"금구슬이 생기니, 형님이 점점 미워지고 욕심이 생겨서 버렸습니다. 저에게는 이까짓 금구슬보다 형님이 더 소중합니다."

아우의 말에 크게 깨달은 형도 금구슬을 강물에 버리고, 다시 의좋은 형제로 돌아갔다고 해요. 이렇게 의좋은 형제마저 갈라놓은 것이 바로 견물생심(見物生心)이랍니다.

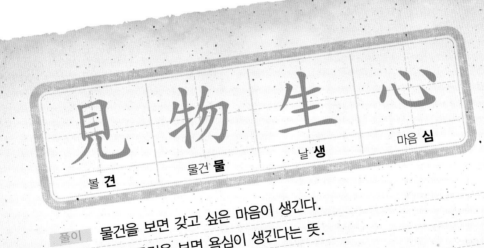

見 볼 **견**　物 물건 **물**　生 날 **생**　心 마음 **심**

풀이　물건을 보면 갖고 싶은 마음이 생긴다.

속뜻　좋은 물건을 보면 욕심이 생긴다는 뜻.

고사성어　과유불급(過猶不及)
▶ 무슨 일이든 정도가 지나치면 모자란 것만 못하다는 뜻.

지강급미(舐糠及米)
▶ 쌀겨를 핥다가 쌀까지 먹어치운다는 말로, 욕심이 끝이 없다는 뜻.

　개학날, 재미는 수업이 없어서 늦게 학교에 갔어요. 학교 정문에서 보안관 할아버지가 인사를 건넸어요. 보안관 할아버지는 멋진 보안관 옷을 입고, 경비 아저씨처럼 학교를 지켜주는 분이세요.

　"재미야, 잘 지냈니?"

　"예, 할아버지."

　"잠깐 들어왔다가 갈래?"

　재미는 보안관실로 들어섰어요. 할아버지는 따뜻한 물 한 잔을 따라주셨지요.

　"벌써 재미가 3학년이네? 교실에 안 들어가겠다고 엄마에게 떼쓰던 때가 엊그제 같은데……."

　"히히, 그때마다 따뜻하게 달래주셨잖아요."

　"허허, 그랬지."

　"할아버지는 꼭 시골에 계시는 우리 할아버지 같아요."

　"나도 네가 미국에 있는 손자 같아서 항상 정이 간단다. 우리

손자도 이번에 3학년이 될 텐데……."

잠시 생각에 잠겨 있던 할아버지는 문득 생각난 듯 뭔가를 찾으셨어요.

"참, 개학하면 너에게 주려고 가져다 놓은 책이 있는데……."

"책이요?"

"그래. 분명히 책상 위에 놓았는데……."

책상 서랍까지 샅샅이 찾아보았지만 책은 보이지 않았어요.

"보안관실 문이 항상 열려있던데, 혹시 누가 가져간 게 아닐까요?"

"허허, 이런! 함부로 남을 의심하면 안 된단다. 정말 그랬다면 문을 열어 놓은 내가 잘못이지. 별것은 아니지만, 견물생심이라고 눈에 보이니 괜히 갖고 싶어져서 갖고 갔을 수도 있겠구나."

"어떤 책인데요?"

"내가 예전에 훈장 선생을 할 때 아이들을 가르치던 한자책이야. 3학년부터는 한자 시간이 있다기에 너에게 주려고 했단다. 흠, 누군가 가져갔다면 언젠가 다시 갖다 놓겠지."

물건을 잃어버리고도 느긋하신 할아버지가 재미는 대단하게 생각됐어요.

교과서 속 **견물생심** 퀴즈

## 소금을 만드는 맷돌

**1** 아주 옛날, 임금님에게 신기한 맷돌이 있었어요. 이 맷돌은 '나와라, 밥!' 하면 밥이 나오고, '나와라, 쌀!' 하면 쌀이 나왔지요. 도둑들은 이 신기한 맷돌에 대한 소문을 듣고는 무척이나 탐을 냈어요. 그래서 맷돌을 훔쳐 달아났지요. 도둑들에게 이런 마음이 생긴 것은 무엇 때문일까요?

견물생심은 물건을 보니 욕심이 생긴다는 뜻이에요.

| | | 生 | 心 |
|---|---|---|---|

**2** 하지만 배 위에서 '나와라, 소금!' 하고 외친 도둑들은 멈추게 하는 방법을 몰라 계속 쏟아지는 소금 때문에 바닷속으로 가라앉고 말았어요. 도둑들에게 과유불급 의 제대로 된 뜻을 알려주세요.

❶ 모든 일은 욕심이 있어야 잘한다.

❷ 욕심이 부자를 만든다.

❸ 욕심이 과하면 도리어 모자른 것만 못하다.

❹ 욕심은 조금 부릴수록 좋다.

# 04

# 외유내강

## 겉으로 보이는 것만이 다가 아니다

출전 《당서(唐書)》의 〈노탄전〉

당나라 허난성 출신인 노탄이 관직에 올랐을 때 일이에요. 하루는 상관인 두황상이 노탄에게 물었어요.

"어느 집안의 자제가 주색에 빠져 재산을 탕진하고 있다고 하네. 그런데 왜 자네는 그들을 보살피지 않는가?"

그러자 노탄이 대답했어요.

"재물에 욕심이 없는 청렴한 관리는 재물을 모아 쌓지 않습니다. 또한, 재물이 많은 것은 다른 사람에게서 빼앗아 얻은 것이므로, 방탕한 생활로 재물을 모두 잃는 것은 다시 그들에게 되돌려 주는 것과 같습니다."

이처럼 노탄은 자신의 뜻을 굽히지 않는, 바르고 곧은 성품을 지닌 사람이었어요.

어느 해, 황제가 절도사 이복의 후임으로 요남중을 임명하자 군대 감독관이었던 설영진은 요남중이 서자라며 절도사 자리에 앉는 걸 반대했어요. 이에 노탄은 설영진을 비판하며 말했어요.

"요남중은 겉으로 보기에는 부드럽지만, 마음은 곧고 단단하니[외유중강(外柔中剛)], 설영진이 요남중의 절도사 임명에 반대한다면, 나 또한 이에 따르지 않을 것이다."

이 말에서 나오는 외유중강(外柔中剛)의 '중강(中剛)'은 외유내강(外柔內剛)의 '내강(內剛)'과 같은 뜻으로 쓰였어요.

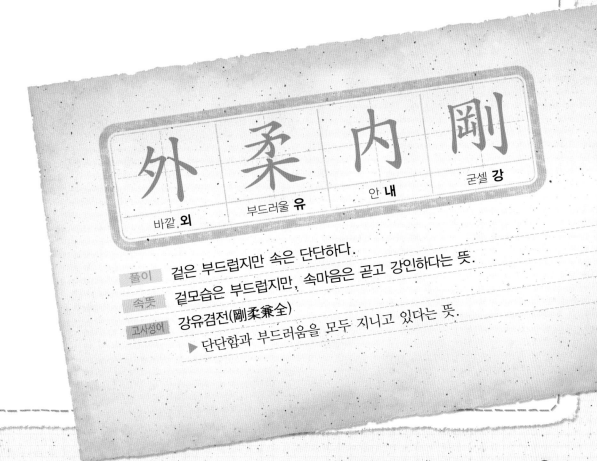

外 柔 内 剛
바깥. **외**　부드러울 **유**　안 **내**　굳셀 **강**

풀이　겉은 부드럽지만 속은 단단하다.
속뜻　겉모습은 부드럽지만, 속마음은 곧고 강인하다는 뜻.
고사성어　강유겸전(剛柔兼全)
　▶ 단단함과 부드러움을 모두 지니고 있다는 뜻.

"반가워요. 여러분과 1년간 함께 지낼 담임이에요. 먼저 번호부터 정하고 자리를 정해야겠지요?"

선생님은 아이들을 일렬로 세웠어요. 키가 작은 재미는 예상대로 1번이 되었지요.

"치, 또 1번이네. 짝은 나보다 작아야 할 텐데……."

하지만 그것도 생각대로 되지 않았어요.

"여자 5번 안지원! 지원이가 남자 1번, 이재미 옆으로 가요!"

지원이는 재미보다 키가 한 뼘이나 컸어요. 그래도 예쁘고 착하게 생긴 지원이가 짝이 되어 기분이 좋았지요. 겉모습만 볼때 지원이는 착하고 마음이 여려 보였어요.

선생님이 잠시 자리를 비우셨을 때였어요. 창민이가 비좁은 책상 사이를 뛰어다니다가 재미의 가방을 떨어뜨렸어요.

"어……, 내 가방!"

창민이는 미안하다고도 하지 않았어요. 재미는 덩치 큰 창민이가 무서워 가만히 있었지요. 하지만 지원이는 달랐어요.

"넌 남의 가방을 떨어뜨리고도 미안하다고 안 하니?"

"책상 사이가 좁은 걸 어떻게 해? 그게 내 잘못이야?"

"일부러 그런 게 아니라도 사과는 해야지!"

"싫어! 네가 뭔데 사과하라는 거야? 그렇게 사과를 받고 싶으면 나랑 대결해서 이겨 보던가."

"좋아! 내가 이기면 재미에게 사과하는 거다."

그때, 정우가 끼어들었어요.

"지원이는 우리 태권도 도장에서 제일 세!"

그러자 창민이의 태도가 싹 바뀌었지요.

"누가……, 무섭대? 여자랑 싸우는 건 좀 그러니까 내가 봐주는 거야! 미…… 안해."

창민이는 개미만큼 작은 목소리로 사과했어요.

재미는 지원이가 대단해 보였지요. 아빠가 항상 겉은 부드럽고 속은 단단한 외유내강의 성격을 지니라고 했는데, 지원이야말로 바로 그런 아이라는 생각이 들었어요.

교과서 속 **외유내강** 퀴즈

# 토끼와 거북이

**2학년 1학기** 듣기·말하기

**1** 숲 속에서 가장 잘 달리는 토끼가 있었어요. 토끼는 거북을
만날 때면, '느릿느릿 거북아, 빨리빨리 달려라!' 하며 느린
거북을 놀려댔지요. 거북은 너무 화가 나서 토끼에게 달리기 경
주를 신청했어요. 모두 당연히 토끼가 이길
줄 알았던 경주에서 거북은 당당히 승리
했어요. 강인한 정신력이 토끼를 이길
수 있게 한 거예요. 거북은 외유내강
의 모습을 지니고 있었답니다.

한자의 음과 뜻을 바르게 연결하세요.

외유내강은
겉모습은 부드럽지만,
속마음은 강인하다는
뜻이에요.

| 外 | 柔 | 内 | 剛 |
|---|---|---|---|

❶ 바깥 외    ❷ 안 내    ❸ 부드러울 유    ❹ 굳셀 강

# 05 구사일생

## 아홉 번 죽어도 후회하지 않으리

**출전** 《사기(史記)》의 〈굴원열전〉

전국시대 초나라의 시인이자 정치가였던 굴원은, 아는 것이 많고 똑똑하며 말하는 능력이 뛰어났던 인물로, 희왕 때는 왕의 가족을 다스리는 일을 했어요. 그러나 양왕 때 모함을 받아 두 번씩이나 강남으로 쫓겨나 끝내 나라를 걱정하는 글을 남기고 물에 빠져 죽었지요.

굴원은 임금이 신하의 아부하는 말을 가려내지 못하고, 올바른 사람을 가려내지 못하는 것을 항상 걱정하며, 〈이소(離騷)〉라는 시를 지어 자신의 마음을 담았다고 해요. 〈이소〉 제6단에는 다음과 같은 구절이 있어요.

한숨을 쉬고 눈물을 닦으며, 인생의 어려움을 슬퍼한다.
그러나 내가 옳다고 믿기 때문에,
비록 아홉 번 죽어도 후회하는 일은 하지 않겠다.

여기에서 나오는 '비록 아홉 번 죽어도 후회하는 일은 하지 않겠다.'에 대해 유량주는 이렇게 해석했어요.

"스스로 잘못한 것이 없으니, 아홉 번 죽어서 한 번을 살아남지 못한다 할지라도[구사일생(九死一生)], 후회하거나 한을 품지는 않을 것이다."

구사일생(九死一生)은 유량주가 말한 이 '아홉 번 죽어서 한 번을 살아남지 못한다.'에서 나온 말로 죽을 고비에서 간신히 살아난다는 뜻이에요.

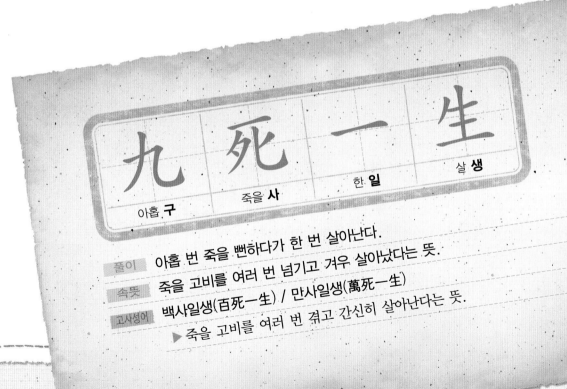

九 死 一 生

아홉.구    죽을.사    한.일    살.생

풀이    아홉 번 죽을 뻔하다가 한 번 살아난다.
속뜻    죽을 고비를 여러 번 넘기고 겨우 살아났다는 뜻.
고사성어    백사일생(百死一生) / 만사일생(萬死一生)
▶ 죽을 고비를 여러 번 겪고 간신히 살아난다는 뜻.

 와 함께 하는 이야기 속 **구사일생**

"김준서!"

선생님이 부르시자 준서가 문을 '드르륵' 열고 뛰어오며 소리 쳤어요.

"헉헉, 예! 저 왔어요!"

"안 되겠어요. 준서의 버릇도 고칠 겸 앞으로 지각하는 친구 에게는 벌점을 주겠어요."

"안 돼요!"

아이들은 한목소리로 말했지만, 선생님은 굽히지 않았어요.

다음 날부터 전쟁은 시작됐어요. 5분 정도 늦던 아이들이 일 찌감치 와서 앉아 있었어요. 하지만 준서는 다음 날도 그 다음 날도 지각을 했지요. 재미는 지각한 적은 없었지만 그래도 신경 이 쓰였어요.

그러던 어느 날, 등교를 하던 재미는 준비물을 안 가져온 게 떠올랐어요. 리코더 수업이 있어서 챙겨놓았는데, 신발을 신다 가 그만 현관에 놓고 온 거예요.

"일찍 나왔으니까 빨리 뛰어갔다가 오면 되겠지?"

재미는 후다닥 뛰어 다시 집으로 돌아가서, 리코더를 들고 학교로 뛰었어요. 이제 교실문만 지나면 돼요.

그런데 복도에 물기가 있었는지, 재미는 엉덩방아를 찧으며 교실 안으로 쭉 미끄러져 들어갔어요.

"세이프!"

장난치기 좋아하는 창민이는 야구 심판처럼 두 팔을 쭉 펴고 놀려댔지요. 선생님은 재미를 일으켜 세웠어요.

"넘어지기는 했지만, 구사일생으로 벌점은 면하게 됐구나."

재미는 '후유' 한숨을 쉬며 자리로 가서 앉았지요. 그때, 준서가 뛰어들어왔어요.

"쯧쯧, 준서는 또 늦었구나. 조금만 일찍 왔더라면 재미처럼 구사일생으로 벌점도 면하고, 반성문도 안 쓸 텐데."

선생님은 고개를 절레절레 흔들었어요. 준서는 무슨 말인지 몰라 멀뚱멀뚱 서 있었답니다.

교과서 속 **구사일생** 퀴즈

# 토끼의 간

**1** 바닷속 용왕님의 충성스러운 신하 자라는 용왕님의 병을 고
치려고, 토끼의 간을 구하러 육지로 나
왔어요. 마침 토끼를 만난 자라는 온갖 듣
기 좋은 말로 토끼를 꾀여 바닷속으로 데
려가는 데 성공했지요. 거짓말과 관련이
없는 것을 찾으세요.

> **감언이설(甘言利說)**
> 다른 사람을 꾀기 위해
> 하는 듣기 좋은 말.
> **언중유골(言中有骨)**
> 지나가는 말 속에
> 깊은 뜻이 있다.

❶ 감언이설   ❷ 고양이가 알 낳을 노릇이다

❸ 언중유골   ❹ 혓바닥에 침이나 묻혀라

**2** 토끼는 자라에게 속은 것을 알고, 간을 땅속에 숨겨두었다
고 꾀를 내어 간신히 목숨을 구할 수 있었어요. 이처럼
죽을 고비를 겪고 겨우 살아난다는 뜻을 가진 말을 채우세요.

| 아홉 | 일백 | 일만 |
| --- | --- | --- |
| 死一生 | 死一生 | 死一生 |
| 구사일생 | 백사일생 | 만사일생 |

# 06 결초보은

## 풀을 묶어 은혜를 갚다

출전 《서경(書經)》의 〈춘추좌씨전〉

춘추시대 진나라에 위무자라는 사람은 병이 들자 아들 위과에게 말했어요.

"위과야, 내가 죽거든 두 번째 부인 서모를 좋은 곳으로 다시 시집보내 주거라. 꼭 그래야 한다."

그런데 병이 점점 깊어지자 갑자기 마음을 바꾸어 자기와 함께 묻어달라고 당부했어요.

그러나 위과는 아버지가 돌아가시자,

"사람은 병이 깊어지면 정신이 혼미해지게 되니, 나는 아버지가 맑은 정신일 때 하신 말씀을 따르겠다."

하고는 서모를 다른 사람에게 시집보냈어요.

그리고 얼마 후 진환공이 진나라를 침략하자 위과는 전쟁에 나가게 되었어요. 그러나 위과는 크게 패하여 두려움에 떨고 있었어요.

깜빡 잠이 들었던 위과는 꿈속에서 "청초파"하고 속삭이는 소리를 들었어요. 위과는 하늘의 계시라고 생각하여, 다음 날 싸움터에서 만난 장수 두회를 청초파로 유인했어요. 두회는 그곳에서 엮인 풀에 걸려 넘어졌고, 덕분에 위과는 그를 잡을 수 있었지요.

그날 밤, 위과의 꿈에 서모의 죽은 아버지가 나타났어요.

"딸을 살려준 고마움에 보답하기 위해, 풀을 묶어 두회가 탄 말이 걸려 넘어지게 하였습니다[결초보은(結草報恩)]. 작지만 이렇게나마 장군께 은혜를 갚고 싶었습니다."

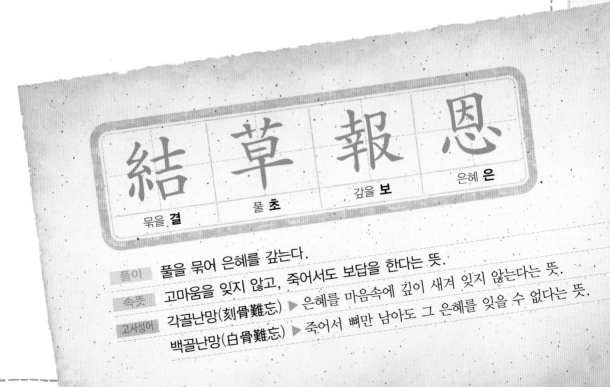

結 묶을 **결**　草 풀 **초**　報 갚을 **보**　恩 은혜 **은**

| 풀이 | 풀을 묶어 은혜를 갚는다. |
| --- | --- |
| 속뜻 | 고마움을 잊지 않고, 죽어서도 보답을 한다는 뜻. |
| 고사성어 | 각골난망(刻骨難忘) ▶ 은혜를 마음속에 깊이 새겨 잊지 않는다는 뜻. |
| | 백골난망(白骨難忘) ▶ 죽어서 뼈만 남아도 그 은혜를 잊을 수 없다는 뜻. |

와 함께 하는 이야기 속 **결초보은**

따뜻한 일요일 오후예요.

"엄마, 나 놀이터 다녀올게!"

가벼운 차림으로 집을 나선 재미는 놀이터로 뛰어갔어요. 동네 친구들도 모두 나와 놀고 있었지요. 재미는 친구들과 다람쥐 통에도 들어가고 정글짐도 올라탔어요. 땀이 나도록 신 나게 놀고 있는데, 자전거를 탄 여자아이가 다가왔어요.

"재미야, 안녕!"

"어? 지원아!"

지원이는 놀이터 앞에서 자전거를 세우려고 했어요. 그런데 어찌 된 일인지 자전거가 말을 듣지 않았지요.

"어! 어······."

지원이는 놀이터를 지나 내리막길로 치닫고 있었어요.

"위험해! 지원아!"

재미가 얼른 달려가 보았지만, 이미 자전거는 담벼락에 '쾅!' 부딪친 후였어요.

"아야!"

"지원아, 괜찮아?"

"다리······, 다리가 아파!"

재미는 지나가는 아주머니의 핸드폰을 빌려 지원이네 엄마에게 전화했어요.

"곧 너희 엄마가 이리로 오신대."

"고마워, 재미야."

"그런데 자전거가 왜 서지 않은 거야?"

"갑자기 브레이크가 말을 듣지 않았어. 다리가 부러진 거면 어떻게 하지?"

"그 정도로 아파?"

재미는 걱정스레 지원이의 다리를 쳐다보았어요.

"만약 부러졌으면 학교 다니기도 불편할 텐데……."

"걱정하지 마. 내가 힘껏 도와줄게."

"고마워 재미야."

"고맙기는……."

재미는 언젠가 드라마를 보며 알게 된 결초보은이란 말을 떠올렸어요.

'그래! 이번에는 내가 지원이에게 진 빚을 갚아야지.'

# 가난한 청년과 천 년 묵은 지네

4학년 2학기 | 듣기 · 말하기

**1** 집안이 몹시 가난한 청년이 돈을 벌러 가다 길을 잃었어요. 청년은 산속을 헤매다 커다란 기와집을 발견하고, 이집 처녀와 결혼해 행복하게 살았지요. 가난하다 는 뜻과 반대되는 한자를 찾아보세요.

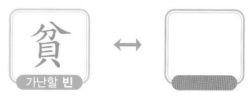

가난할 빈

❶ 部-거느릴 부 ❷ 不-아닐 부 ❸ 父-아비 부 ❹ 富-넉넉할 부

**2** 청년의 꿈에 할아버지가 나타나, "네 부인은 천 년 묵은 지네다. 그러니 네가 죽이지 않으면, 네가 죽게 될 것이다"고 했지만, 청년은 자신에게 잘해준 부인을 죽일 수 없어 자신이 죽을 결심을 했어요. 틀린 한자를 찾아 바르게 바꾸어 주세요.

結 맺을 결　草 풀 초　報 갚을 보　銀 은혜 은

❶ 保　❷ 訣
❸ 恩　❹ 初

# 일일삼추

## 하루가 세 가을만큼 길구나

**출전** 《시경(詩經)》

〈채갈(采葛)〉이라는 시는 나랏일로 멀리 떠나 돌아오지 않는 남편을 걱정하며 기다리는 마음을 노래하고 있어요.

혹시나 남편에게 좋지 않은 일이 생긴 것은 아닌지 걱정하며, 남편이 돌아오는 길목에서 부인은 나물을 뜯고, 칡뿌리를 캐며 돌아오지 않는 남편을 간절히 기다리고 있지요.

저기로 칡을 캐러 가리라,
하루를 보지 못한 것이 석 달은 지난 듯하고
저기로 나물을 뜯으러 가리라,
하루를 보지 못한 것이 세 가을이 지난 듯하고
저기로 쑥을 캐러 가리라,
하루를 보지 못하는 것이 세 해가 지난 것만 같구나.

彼采葛兮 一日不見 如三月兮
피채갈혜　일일불견　여삼월혜

彼采蕭兮 一日不見 如三秋兮
피채소혜　일일불견　여삼추혜

彼采艾兮 一日不見 如三歲兮
피채애혜　일일불견　여삼세혜

　　남편에 대한 그리움이 간절하게 느껴지는 이 시에서 일일삼추(一日三秋)라는 말이 생겼답니다.

一 日 三 秋

한 **일**　날 **일**　석 **삼**　가을 **추**

풀이 하루가 세 번의 가을과 같다.

속뜻 하루가 삼 년같이 길게 느껴질 만큼 기다리는 마음이 간절하다는 뜻.

고사성어 일일천추(一日千秋) / 일각삼추(一刻三秋)
▶ 일일삼추처럼 기다리는 마음이 간절하다는 뜻.

학수고대(鶴首苦待) ▶ 학의 목처럼 길게 빼고, 애타게 기다린다는 뜻.

 와 함께 하는 이야기 속 **일일삼추**

지원이는 자전거 사고로 오랫동안 학교에 나오지 못했어요.
재미는 지원이를 기다리는 하루하루가 길게만 느껴졌지요.

재미가 어깨를 축 늘어뜨린 채 터덜터덜 운동장을 걸어 나올
때였어요.

"재미야!"

보안관 할아버지가 불렀지만 재미는 듣지 못한 모양이에요.

"재미야!"

재미가 그냥 지나치자, 할아버지는 몰래 뒤따라와 재미 앞에 떡 버티고 섰어요. 고개를 푹 숙이고 걷던 재미는 할아버지 배에 '쿵' 부딪쳤답니다.

"허허, 요 녀석!"

재미는 깜짝 놀라 고개를 들었어요.

"에이, 뭐예요! 깜짝 놀랐잖아요."

할아버지는 재미있는 모양으로 허허 웃으셨지요.

"뭘 그리 골똘하게 생각하느라 불러도 모르니?"

"짝꿍이 다쳐서 며칠째 학교에 안 나와요."

"아, 그 예쁘고 똑똑하다는 여자 친구?"

"네."

"그래서 많이 보고 싶구나?"

"네에······."

자기도 모르게 '네에' 하고 대답하던 재미는 화들짝 놀라 손을 내저었어요.

"아니······. 뭐, 그건 아니고······."

할아버지는 재미의 마음을 아신다는 듯이 웃으셨지요.

"쯧쯧, 일일삼추라고······."

"일일삼추가 뭔데요?"

"하루가 삼 년같이 길게 느껴진다는 뜻으로 좋아하는 사람을 간절히 기다릴 때 쓰는 말이야. 지금 재미의 마음하고 똑같다고 할 수 있지."

"아이참! 할아버지 제가 언제요?"

재미는 괜히 입을 삐죽거렸어요. 하지만 지원이가 오늘 나올까, 내일 나올까 기다리는 마음은 어쩔 수가 없었답니다.

교과서 속 **일일삼추** 퀴즈

# 백일홍

4학년 1학기 읽기

**1** 제물로 바쳐질 연홍이를 대신해 바우 총각이 이무기를 물리
치러 가지요. 그는 이무기를 죽이면 하얀 깃발을, 자기가 죽
으면 붉은 깃발을 배에 꽂고 돌아오겠다고 했어요. 하얀 깃발 과
붉은 깃발 을 나타내는 말을 찾아보세요.

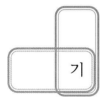

기

❶ 홍기　　❷ 황기

❸ 청기　　❹ 백기

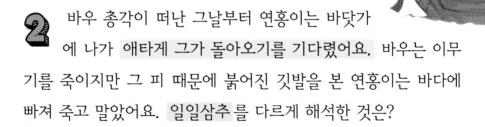

白 흰 백, 靑 푸를 청,
黃 누를 황, 紅 붉을 홍은
색깔을 나타내는 한자예요.

**2** 바우 총각이 떠난 그날부터 연홍이는 바닷가
에 나가 애타게 그가 돌아오기를 기다렸어요. 바우는 이무
기를 죽이지만 그 피 때문에 붉어진 깃발을 본 연홍이는 바다에
빠져 죽고 말았어요. 일일삼추 를 다르게 해석한 것은?

❶ 하루가 3년이나 흐른 듯 길게 느껴진다.

❷ 기다리는 마음이 애절하다.

❸ 따분하고 싫증이 난다.　　❹ 만날 수 없어 초조하다.

51

# 08 위기일발

## 한 올의 머리털이 끊어질 듯 위태롭다

**출전** 한유의 〈여맹상서(與孟尙書)〉

당나라의 한유는 유학을 널리 알리고자 평생을 노력했던 인물이에요. 그 때문에 불교와 도교를 배척했지요.

어느 해, 헌종이 사리를 궁으로 들여오려 하자, 한유는 이를 반대하는 글을 올렸다가 그만 먼 곳으로 귀향을 떠나게 되었어요. 한유는 그곳에서 한 스님과 친분을 쌓으며 친해졌는데, 사람들은 한유가 불교를 믿게 되었다고 오해했지요. 한유는 이런 오해를 받는 것이 너무 답답했어요.

그때 높은 벼슬을 지낸 맹간이 편지로 어찌 된 일인지를 물어왔어요. 한유는 답답한 심정을 편지에 담아 보냈어요. 그 편지 속에 이런 말이 나와요.

'한나라 이후로 여러 유학자가 있었으나, 이들이 변변치 못하여 백개의 구멍과 천 개의 상처가 생겼습니다. 이것은 마치 한 가닥의 머리털로 천균*의 무게를 끌어당기는 것처럼 유학을 위태롭게 하였습니

다. 〈중략〉 제가 어찌 한 번 벌을 받았다 하여 불교를 따를 수 있겠습니까?'

편지에서 한유는 유학의 위태로움을 한 올의 머리카락으로 천균의 무게를 끌어당겨 당장이라도 끊어질 듯한 위기일발(危機一髮)과 같다고 표현했어요.

★ 균  약 30근으로, 천균은 18톤에 해당하는 엄청난 무게를 말한다.

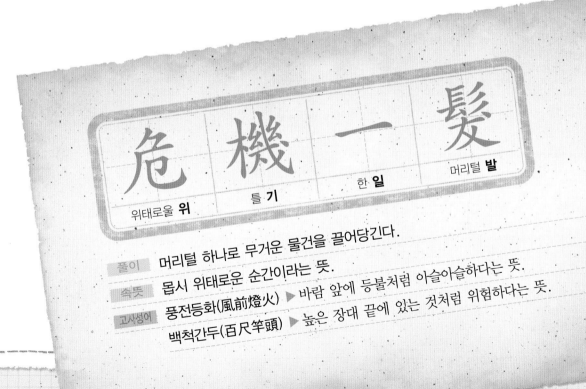

危 機 一 髮
위태로울 위   틀 기   한 일   머리털 발

풀이  머리털 하나로 무거운 물건을 끌어당긴다.

속뜻  몹시 위태로운 순간이라는 뜻.

고사성어  풍전등화(風前燈火) ▶ 바람 앞에 등불처럼 아슬아슬하다는 뜻.
백척간두(百尺竿頭) ▶ 높은 장대 끝에 있는 것처럼 위험하다는 뜻.

"재미야, 너무 심심해. 우리 집에 놀러 와."

"알았어. 곧 갈게."

전화를 끊자마자 재미는 한 블록이나 떨어진 지원이네 집으로 쏜살같이 달려갔어요.

지원이는 집 앞 벤치에 앉아 있었어요.

"이렇게 나와도 돼?"

"응. 엄마랑 같이 나왔다가, 엄마는 잠깐 집에 다녀온다고 해서 혼자 있었어."

"그래. 많이 불편하지?"

재미는 단단하게 다리를 감싸고 있는 깁스를 보며 물었어요.

"응. 날씨도 좋은데 뛰어놀지도 못하고, 좋아하는 태권도도 못 하니까 답답해. 바로 앞 공원에 꽃이 많이 피었을 텐데 같이 가줄래?"

지원이가 눈을 반짝이며 물었어요.

"엄마가 오시면 걱정하실 텐데?"

"금세 다녀오면 되지."

"그래? 그럼, 빨리 다녀오자."

지원이는 목발을 짚고 재미에게 기댄 채 천천히 걷고 있었어요. 그때, 뒤에서 오토바이가 '빵빵' 소리를 내면서 쌩 달려오는 거예요.

"얘들아, 위험해!"

뒤에서 걸어오던 아저씨가 급하게 뛰어와 재미와 지원이를 두 팔로 꽉 끌어안았어요.

오토바이는 저만치 가다가 '끼이익' 소리를 내며 섰어요.

"얘들아, 괜찮니?"

오토바이에서 내린 형이 묻자, 아저씨가 꾸짖듯이 말했어요.

"골목길에서 그렇게 빨리 달리면 어떻게 해? 아이들이 다칠 뻔했잖아? 아주 위험한 위기일발의 순간에 내가 있었으니 망정이지……. 큰일 날뻔했어!"

"죄송합니다. 미안하다 얘들아."

형은 꾸벅 고개를 숙였어요. 재미와 지원이는 아저씨에게 고맙다고 인사했지요.

## 교과서 속 위기일발 퀴즈

## 해와 달이 된 오누이

**1** 엄마를 잡아먹은 호랑이는 엄마인 척 오누이의 집으로
찾아오지만, 어설픈 호랑이의 속임수를 눈치챈 오누이는
▭▭▭로 도망쳤어요. ▭▭▭는 어디일까요?

❶ 마당 　　　　　　　❷ 나무 위

❸ 지붕 위 　　　　　　❹ 이웃집

**2** 그런데 호랑이는 누이가 중얼거리는 소리를 듣고, 도끼로
나무를 찍어가며 오누이에게 점점 다가왔어요. 그 순간 오
누이에게 동아줄이 내려와 하늘로 올려주었지요. 이처럼 위태로
운 순간을 나타내는 말들을 짝지어 주세요?

위기일발 ·　　　　　　❶ 百尺竿頭

일촉즉발 ·　　　　　　❷ 危機一髮

백척간두 ·　　　　　　❸ 一觸卽發

풍전등화 ·　　　　　　❹ 風前燈火

# 09 죽마고우

## 어릴 적 오래된 친구

출전 《진서(晉書)》의 〈은호전〉

진나라에 은호와 환온이라는 두 친구가 있었어요. 은호는 성격이 따뜻하고 착하며 아는 것이 많아 사람들에게 존경을 받았지만, 벼슬에는 나가지 못했어요. 하지만 환온은 촉나라를 평정하고 돌아와 온 나라의 신망이 높아 황제조차 함부로 할 수 없었지요.

황제인 간문제는 이런 환온을 견제하기 위해, 은호를 찾아가 나랏일을 부탁하며 양주자사에 임명했어요. 그러자 친구였던 은호와 환온은 서로 미워하는 적이 되고 말았지요. 주변에서 둘을 화해시키려 애썼지만 은호가 말을 들으려 하지 않았어요.

그즈음 5호 16국의 하나인 후조의 왕이 죽어 호족들의 다툼이 시작되었어요. 간문제는 후조의 중원 땅을 되찾기에 좋은 기회라고 생각하고, 은호에게 군사를 이끌고 싸움터로 나가도록 했어요. 그러나 은호는 싸움에 나가기도 전에 말에서 떨어져 싸워보지도 못하고 돌아와야 했지요.

그러자 환온은 왕에게 이 사실을 고하며, 은호를 먼 곳으로 귀향 보내야 한다고 청하고, 사람들에게 이렇게 말했어요.

"은호는 어려서 나와 함께 죽마\*를 타고 놀던 친구이다[죽마고우 (竹馬故友)]. 내가 죽마를 버리면 은호는 언제나 내가 버린 죽마를 가지고 놀았다. 그러니 그가 내게 머리를 숙여야 하는 것은 당연하다."

은호는 환온에 의해 쫓겨나 죽을 때까지 다시는 돌아오지 못했다고 해요.

★ **죽마**　대나무로 만든 말로 아이들의 장난감이다.

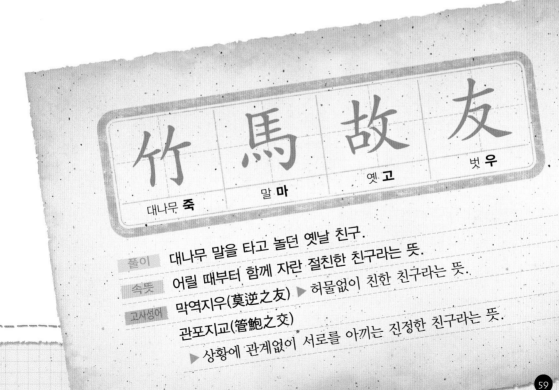

竹 馬 故 友

대나무 **죽**　말 **마**　옛 **고**　벗 **우**

풀이　대나무 말을 타고 놀던 옛날 친구.

속뜻　어릴 때부터 함께 자란 절친한 친구라는 뜻.

고사성어　막역지우(莫逆之友) ▶ 허물없이 친한 친구라는 뜻.

관포지교(管鮑之交)

▶ 상황에 관계없이 서로를 아끼는 진정한 친구라는 뜻.

　지원이는 한동안 깁스를 하고 학교에 다녔어요. 재미는 가방도 들어주고 부축도 해주었지요.

　깁스를 푼 날, 지원이가 재미에게 말했어요.

　"그동안 도와줘서 고마워. 너는 내 '절친'이야."

　"절친?"

　"가장 친한 친구라고."

　지원이와 가장 친한 친구가 되었다니……. 그런데 바로 그날, 또 한 명의 절친이 생겼지 뭐예요. 새로 전학 온 친구가 어릴 때부터 같은 아파트에 살며 유치원도 함께 다닌 소라였어요.

　"안녕! 나는 새로 전학 온 민소라야. 만나서 반가워!"

　"어, 소라잖아!"

　그 말에 소라가 깜짝 놀라 쳐다봤어요.

　"이재미? 정말 반갑다!"

　선생님도 놀라서 물으셨지요.

　"재미야, 둘이 아는 사이니?"

"네, 어릴 때부터 같은 아파트에 살아서 친하게 지냈어요. 유치원도 함께 다녔는데, 일곱 살 때 소라가 아버지를 따라 미국으로 갔어요."

"와! 그럼, 죽마고우네?"

그러자 지원이가 물었어요.

"죽마고우가 뭐예요?"

"아주 오래된 어릴 적 친구를 말해. 재미와 소라가 어릴 적부터 친구였다니, 죽마고우라고 할 수 있지."

선생님은 다시 만난 재미와 소라를 신기하게 여기셨어요.

쉬는 시간이 되자 소라는 쪼르르 재미에게 달려왔어요.

"정말 반갑다! 전학 오면서 낯설어서 걱정했는데, 네가 있어서 다행이야."

"소라 네가 전학 올 줄은 몰랐어! 정말 반가워."

재미와 소라는 어릴 적 이야기를 하며 웃음꽃을 피웠어요. 옆에 앉은 지원이도 함께 이야기를 나누었지요. 재미는 친한 친구가 둘씩이나 생겨 정말 기뻤답니다.

# 오성과 한음

4학년 1학기 읽기

**1** 오성 이항복과 한음 이덕형은 아주 어릴 때부터 친구였어요. 이들은 똑똑하고 지혜로웠지만, 장난이 아주 심했지요. 오성과 한음 같은 친구를 무엇이라 부를까요?

대나무로 만든 말을 타고 놀던 친구라는 뜻이야.

| | | 故 | 友 |
|---|---|---|---|

우둔은 어리석고 둔하다, 기지는 상황에 따라 눈치 빠르게 대응하는 지혜를 말해.

**2** 오성의 옆집 하인들이 '감이 담장을 넘어 열렸으니 자기네 집 것'이라며 우겼어요. 옆집으로 찾아간 오성과 한음이 창호지 문으로 주먹을 쑥 내밀며 "이 팔이 누구의 것입니까?" 하고 말했어요. 이와 같은 행동과 다른 뜻을 찾으세요.

❶ 기지     ❷ 재치     ❸ 슬기     ❹ 우둔

# 유유상종

## 인재는 인재끼리 모인다

제나라의 선왕은 순우곤에게 나랏일을 할 각 지방에 흩어져 있는 능력이 뛰어난 사람을 찾으라고 했어요. 며칠 뒤 순우곤이 일곱 명의 인재를 데리고 나타나자, 선왕이 놀라며 말했어요.

"귀한 인재를 일곱 명씩이나 데려오다니, 어찌 이리 쉽게 이들을 찾았는가?"

그러자 순우곤은 자신만만한 표정으로 말했어요.

**"새들도 같은 종류끼리 무리지어 살듯이, 인재도 끼리끼리 모입니다[유유상종(類類相從)]. 따라서 인재를 구하는 것은 강에서 물을 구하는 것과 같은 일입니다."**

이렇게 순우곤의 말에서 유유상종(類類相從)이란 말이 나왔다고 해요. 하지만 지금은 유유상종이 좋지 않은 뜻으로 많이 사용되고 있답니다.

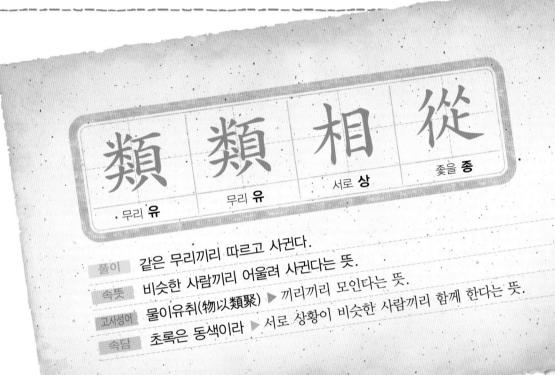

| | |
|---|---|
| 類 | 무리 유 |
| 類 | 무리 유 |
| 相 | 서로 상 |
| 從 | 좇을 종 |

**풀이**  같은 무리끼리 따르고 사귄다.

**속뜻**  비슷한 사람끼리 어울려 사귄다는 뜻.

**고사성어**  물이유취(物以類聚) ▶ 끼리끼리 모인다는 뜻.

**속담**  초록은 동색이라 ▶ 서로 상황이 비슷한 사람끼리 함께 한다는 뜻.

**스티브 잡스와 빌 휼렛**    세상을 떠들썩하게 했던 스티브 잡스를 컴퓨터에 빠지게 한 계기가 있어요. 고등학생 시절, 전자 분야에 관심이 많았던 스티브 잡스는 전화부를 찾아 컴퓨터 회사 사장인 빌 휼렛에게 무작정 전화를 했어요. 그리고는 다짜고짜 컴퓨터 부품을 사용해 보고 싶으니 보내달라고 했지요. 다음날 비행기 편으로 부품이 도착하자 스티브 잡스는 깜짝 놀랐어요. 이 일을 계기로 빌 휼렛은 잡스에게 자신의 회사에서 아르바이트해 보라고 권유했고, 잡스는 컴퓨터에 빠지게 되었지요. 잡스의 용기와 인재를 알아보는 빌 휼렛의 안목이 놀랍지 않나요? '유유상종'이라는 말처럼 비슷한 사람들끼리 서로 알아본 건 아닐까요?

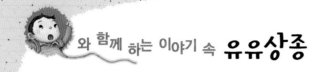

재미와 지원이, 소라는 삼총사처럼 붙어 다녔어요.

"이재미는 키도 제일 작고, 여자아이들하고만 논데요!"

창민이의 말에 소라가 나섰어요.

"남자 친구면 어떻고, 여자 친구면 어때? 좋은 친구면 되는 거지."

"어라, 어째 말하는 게 지원이랑 비슷하다."

창민이의 말에 지원이와 소라는 마주 보며 씽긋 웃었지요.

쉬는 시간에는 정우가 손가락으로 재미의 등을 콕콕 찌르며 불렀어요.

"야! 이재미, 연필 하나만 줘봐."

그 소리를 들은 지원이가 휙 돌아보며 말했어요.

"연필을 빌려달라고 할 때는 좀 더 예의 있게 말해야지."

"치, 연필 하나 가지고 뭘."

"겨우 연필 하나지만, 너는 지금 그게 없어서 빌리고 있잖아."

"그래, 재미야! 연필 하나만 빌려줘. 내 연필은 다 부러져서

쓸 게 없거든."

"그래. 알았어."

재미는 필통 속에서 반질반질하게 잘 깎은 연필 하나를 정우에게 주었어요.

가만히 지켜보던 창민이가 깐족거리며 말했지요.

"이야, 무서워서 재미에게 말도 못 붙이겠네!"

영어 시간에는 미국에 다녀온 소라가 선생님의 칭찬을 받자 진이가 샘이 나서 말했어요.

"흥, 외국 좀 갔다 왔다고 잘난 척하기는⋯⋯."

그러자 이번에는 재미가 나섰지요.

"소라는 잘난 척하는 아이가 아니야. 그러는 너야말로 소라가 영어를 잘하니까 샘이 나서 그러지?"

"아니야!"

진이는 화가 나서 씩씩거렸어요.

"**유유상종**이라더니. 아주 똑같은 애들끼리 모였구나."

창민이의 말에 재미와 지원이, 소라는 서로를 마주 보며 기분 좋게 웃었답니다.

 교과서 속 **유유상종** 퀴즈

# 꾀를 내어서

**1학년 1학기** 읽기

**1** 눈을 자꾸 비비는 눈첩첩이, 코를 옷에 닦는 코흘리개, 머리를 긁적이는 박박이는 친구였어요. 어느 날, 떡 한 접시가 생기자 각자 버릇을 끝까지 참아내는 사람이 떡을 모두 먹기로 내기를 했어요. 그런데 도저히 참을 수 없었던 박박이가 하는 꼴이 사슴 이야기를 하며, 사슴뿔이 머리 여기저기에 나 있다며 슬쩍슬쩍 머리를 긁었어요. 그러자 코흘리개는 자기가 보았으면 활을 쏘았을 것이라며, 활 쏘는 시늉을 하며 코를 닦았지요. 이를 본 눈첩첩이는 '그러면 안 돼!' 하고 손을 내젓는 척하면서 눈을 비볐어요.

이처럼 비슷한 사람끼리 어울려 사귄다 는 뜻을 가진 유유상종을 만들어보세요.

❶ 類    ❷ 從    ❸ 類    ❹ 相

| | | | |
|---|---|---|---|
| | | | |

69

# 고진감래

## 나뭇잎으로 종이 삼고,
## 숯으로 글씨를 쓰다

**출전** 《논어(論語)》

옛날 중국에 몹시 가난한 농부가 있었어요. 그 농부는 공부가 너무 하고 싶었지만 가난하여 종이와 붓을 살 엄두도 내지 못했지요.

하지만 농부는 공부를 포기할 수 없었어요. 그래서 붓을 대신해 숯으로 글씨를 쓰고, 종이를 대신해 나뭇잎에 글씨를 쓰며 공부했어요. 결국, 그 농부는 선비이자 학자로서 크게 성공하였고, 중국 문학에서 빼놓을 수 없는 사람이 되었지요.

그의 이름은 도종의로 서사회요(書史會要), 남촌시집(南村詩集) 등을 남겼어요. 도종의가 노력하는 모습을 통해 공자는 고생 끝에 좋은 일이 생긴다는 고진감래(苦盡甘來)를 이야기했답니다.

제화묵화(題畫墨化)

도종의

밝은 달이 고산처사의 집을 비추고

호수 물빛은 시원스레 매화나무 가지를 적신다

위아래로 옛글을 써내리는 훌륭한 서예가가

철선으로 송이송이 테를 둘러 그려놓았음이리라.

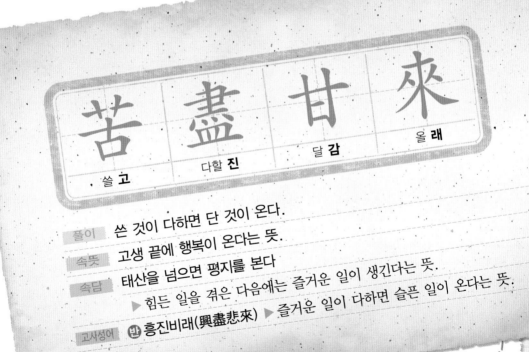

苦 盡 甘 來

쓸 고   다할 진   달 감   올 래

풀이   쓴 것이 다하면 단 것이 온다.

속뜻   고생 끝에 행복이 온다는 뜻.

속담   태산을 넘으면 평지를 본다
▶ 힘든 일을 겪은 다음에는 즐거운 일이 생긴다는 뜻.

고사성어   반 흥진비래(興盡悲來) ▶ 즐거운 일이 다하면 슬픈 일이 온다는 뜻.

"아휴, 수학은 하나뿐인데 국어는 뭐가 그렇게 많은지. 읽기, 쓰기, 듣기 · 말하기까지……."

엄마는 과일 접시를 들고 재미의 방으로 들어왔어요.

"뭐가 제일 어려워?"

"국어는 다 어려워. 특히 '쓰기'는 더 어렵고."

"그래. 엄마가 봐도 그렇더라. 그렇게 어려우면 논술 학원에 다녀볼까?"

그러자 아빠가 들어와 말했어요.

"무조건 학원부터 다닐 생각말고 동화책을 많이 읽으렴. 가장 좋은 건 책을 많이 읽는 거야. 그리고 일기 쓰기!"

"응."

"일기도 정성껏 쓰면 글 솜씨가 아주 많이 는단다."

재미는 아빠의 말이 가슴에 와 닿지 않았어요.

"일기는 모두 다 쓰는 건데……."

"일기를 정성껏 쓰는 아이들은 조금씩 쓰기 실력이 늘게 되

지. 물론 시험도 잘 볼 수 있고.”

“정말 그럴까?”

재미는 다음 날부터 매일 도서관에 들러 책을 읽었어요. 동화 책도 읽고 어린이 신문도 읽었지요. 모르는 것은 저녁때 아빠에게 물었어요.

그렇게 몇 번의 시험을 치르는 동안 성적이 60점에서 70점, 80점으로 차츰 올랐지요.

“이야, 우리 재미 시험 잘 봤네?”

80점 맞은 국어 시험지를 내밀자 아빠는 기뻐했어요.

“100점도 아닌걸?”

“엄마 아빠에게는 100점이나 똑같아.”

재미는 무슨 소린지 몰라 눈만 껌뻑거렸지요.

“그동안 얼마나 노력했는지 아빠가 잘 알잖아. 고진감래라고, 네가 받아 온 80점은 스스로 노력해서 얻은 값진 결과니까 엄마 아빠는 정말 기쁘단다. 잘했다!”

아빠의 말을 들으니 재미도 뿌듯했어요. 재미는 아빠가 기뻐하는 모습을 보며 앞으로도 계속 노력해야겠다고 생각했답니다.

 교과서 속 **고진감래** 퀴즈

# 콩쥐와 팥쥐

**1** 콩쥐는 어려서 어머니를 여의고, 계모와 팥쥐에게 구박을 받았지만, 착한 콩쥐는 하늘의 도움을 받아 원님과 결혼해 행복하게 살게 돼요. 그러나 팥쥐는 엄마와 콩쥐를 구박하며 편안하게 살았지만, 결국 벌을 받게 되지요. 어울리는 말과 연결하세요.

흥진비래는 즐거운 일이 다하면 슬픈 일이 온다는 뜻이야.

콩쥐 •                    ❶ 흥진비래
팥쥐 •                    ❷ 고진감래

**2** 고진감래에서 고생 이란 뜻과 즐거움 이라는 뜻을 가진 한자를 찾아보세요.

盡        來

❶ 苦    ❷ 高    ❸ 甘    ❹ 感

# 12 살신성인

## 목숨을 바쳐 인을 구하라

**출전** 《논어(論語)》의 〈위령공편〉

공자는 사람이 지켜야 할 가장 중요한 덕목을 인(仁)이라고 여겼어요. 그리고 인은 진심[충(忠)]과 동정심[서(恕)]으로 이루어졌다고 생각했지요.

공자가 말씀하시기를

**"뜻있는 선비와 어진 사람은 자기가 살기 위해 인을 버리는 일이 없고, 자기 몸을 바쳐서 인을 이룬다[유살신이성인(有殺身以成仁)].**"

즉, 자신의 몸을 희생하여 마땅히 해야 할 도덕과 의리를 지켜야 한다는 뜻으로, 살신성인(殺身成仁)은 이 말에서 유래 되었어요.

살신성인은 목숨을 바쳐서 하는 일뿐 아니라 자신을 희생하며 다른 사람을 위해 행동하는 모든 일에 사용할 수 있는 말이에요.

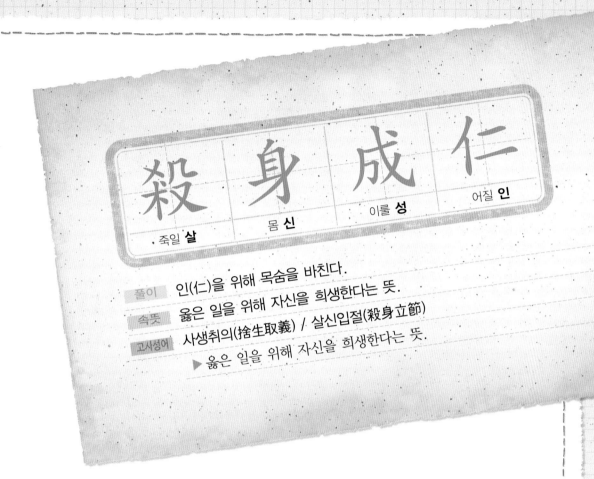

# 殺 身 成 仁

죽일 **살** | 몸 **신** | 이룰 **성** | 어질 **인**

**풀이** 인(仁)을 위해 목숨을 바친다.

**속뜻** 옳은 일을 위해 자신을 희생한다는 뜻.

**고사성어** 사생취의(捨生取義) / 살신입절(殺身立節)

▶ 옳은 일을 위해 자신을 희생한다는 뜻.

**의로운 청년, 이수현**　　2001년 1월 26일 저녁, 일본 도쿄의 신오쿠보 전철역 정류장에서 술에 취한 승객이 열차를 기다리다 선로에 떨어졌어요. 열차가 곧 도착하는 긴박한 상황이었지요. 이때 공부를 위해 일본에 갔던 유학생 이수현 학생이 선로로 뛰어들었어요. 그러나 이수현 학생은 취객과 함께 목숨을 잃고 말았지요. 이수현 학생은 자신의 목숨을 걱정하기 전에, 먼저 선로에 떨어진 취객을 걱정한 거예요. 다른 사람을 위해 용기 있게 행동한 이수현 학생의 행동이야말로 '살신성인'을 실천하려 했던 공자의 모습이 아니었을까요?

 와 함께 하는 이야기 속 **살신성인**

"아, 오늘 일기는 뭘 쓰지?"

재미가 머리를 쥐어짜며 집으로 걸어가는데, 길가 전자 제품 가게에 걸린 TV가 눈에 띄었어요.

'지하철 선로에 떨어진 사람을 구한 용감한 청년'

재미는 걸음을 멈추고 뉴스를 보았어요.

화면에는 누군가 지하철 선로에 떨어진 사람을 구하기 위해 뛰어드는 장면이 보였어요. 보기만 해도 아찔했지요.

"와, 대단하다. 자기도 죽을 수 있는데, 다른 사람을 구하러 뛰어들었다니……."

"아이고, 아직도 저렇게 용기 있는 사람이 있다니……."

재미 옆에 서서 함께 TV를 보던 사람들도 맞장구를 쳤어요.

"살신성인하는 일은 아무나 못하는 어려운 일이지만, 옛날이나 지금이나 저런 사람들은 꼭 있다니까. 정말 대단해!"

"저……, 할아버지! 살신성인이 뭐예요?"

재미는 용기를 내어 물었어요.

"목숨을 바쳐서 정의로운 일을 하는 사람을 말하는 거야."

"아! 안중근 의사처럼 훌륭한 사람이요?"

"그래. 안중근 의사는 나라를 구하려고 자기 목숨을 버린 대단한 사람이지."

"하지만 저 아저씨는 나라를 구한 것도 아니잖아요."

"마찬가지야. 자기 목숨을 아끼지 않고 좋은 일을 하는 사람들은 그 일이 크든 작든 살신성인한다고 하는 거야. 바로 저런 청년을 두고 하는 말이지."

"그럼, 목숨을 걸고 위험에 처한 사람을 도와주는 소방관 아저씨들도 살신성인하는 거네요?"

"그렇지!"

"아…… . 그렇구나!"

재미는 좋은 생각이 떠올랐어요.

"잘됐다! 일기 쓸 게 없어서 고민이었는데…… . 할아버지 고맙습니다."

재미는 급히 집으로 뛰어가면서 '살신성인'을 제목으로 일기를 어떻게 쓸지 생각했답니다.

# 재미네골

**1** 사이좋은 마을에 대한 소문을 들은 용왕님은 신하를 시켜 이 마을 사람을 데려오라고 했어요. 신하는 이 마을 〈〈〈〈〈를 찾 아가 용궁으로 누군가를 데려가야 한다고 말했어요. 신하는 누구 를 찾아갔을까요?

❶ 이장                    ❷ 목수

❸ 옹기장이                ❹ 농부

마을을 대표하는
사람을 찾아야지!

**2** 서로 자기가 용궁에 가겠다며 바닷가로 몰려간 사람들 속에서 여자아이가 바다에 몸을 던졌어 요. 신하와 함께 용궁으로 온 여자아이의 용기에 용왕님 은 흐뭇해하며 금은보화를 선물로 주었어요. 남을 위해 나를 희생한 여자아이의 용기 를 뜻하는 말이 아닌 것은?

❶ 살신성인                ❷ 사생취의

❸ 살신입절                ❹ 선견지명

# 13 사친이효

## 효도로써 부모를 섬겨라

출전 《서경(書經)》의 〈열명편〉

사친이효(事親以孝)는 신라시대 화랑*이 지켜야 할 다섯 가지 규범인 세속오계(世俗五戒) 중 하나로 원광법사가 귀산과 추항에게 가르친 것에서 시작되었어요.

원광법사는 세속오계에서 충(忠), 효(孝), 신의(信義), 용맹(勇猛), 자비(慈悲)를 강조하며, 전통적인 우리의 가치와 도교적인 가치를 조화롭게 하나로 만들었지요.

이런 원광법사의 가르침을 귀산과 추항은 잘 지켰고, 백제와의 싸움에서 화랑으로서 용감하게 싸우다 죽음을 맞았어요. 또한, 세속오계는 신라시대 다른 젊은 화랑들에게도 큰 가르침이 되었답니다.


몸과 마음을 다하여 임금을 섬기고[사군이충(事君以忠)],

효도로써 부모를 섬기며[사친이효(事親以孝)],

믿음으로써 친구를 사귀고[교우이신(交友以信)],

싸움에서는 물러서지 말아야 하며[임전무퇴(臨戰無退)],

생명을 죽일 때는 가려서 죽여야 한다[살생유택(殺生有擇)].

★ **화랑**　신라 진흥왕이 능력 있는 인재를 뽑기 위해
　　　　　만든 조직

| 事 | 親 | 以 | 孝 |
|---|---|---|---|
| 섬길 **사** | 어버이 **친** | 써 **이** | 효도할 **효** |

**풀이**　어버이를 섬길 때 효도로써 해야 한다.

**속뜻**　부모님을 공경하는 마음으로 모시라는 뜻..

**속담**　등걸이* 없는 휘추리*가 있나

　　▶ 부모가 있어야 나도 있으니, 부모에게 효도하라는 뜻.

　　　　　　　　　　　　　　　　　　　　**휘추리**　긴 나뭇가지

★ **등걸이**　나무줄기를 베고 남은 밑동

　　선생님이 '살신성인'을 제목으로 쓴 일기를 읽어주시자, 아이들은 재미를 '한자 박사'라고 불렀어요. 이 일로 재미는 한자 공부에 더욱 열을 올리게 되었지요. 보안관 할아버지가 다시 구해주신 한자책은 재미에게 많은 도움이 되었어요.

　　하루는 재미가 위인전을 읽을 때였어요. 원광 스님의 이야기를 읽던 재미는 고개를 갸웃거렸지요.

　　"원광 스님이 만들었다는 '세속오계'는 뭐지?"

　　재미는 보안관 할아버지가 주신 한자책을 찾아보았어요. '세속오계'를 찾으니 다섯 개의 한자성어가 나왔지요.

　　"나라에 충성하고, 부모에 효도하고……. 후유, 한자가 너무 많아서 머리가 아프네. 오늘은 세속오계 중에서 사친이효만 공부해야지."

　　재미는 한자 공부에 빠져 아빠가 온 것도 몰랐어요.

　　"어이구, 우리 아들 너무 열심히 공부하는 거 아니야?"

　　"아버지 언제 오셨어요? 인사 드리지 못해서 죄송합니다."

"아니, 웬일로 존댓말을?"

"사친이효를 공부하는 제가 어떻게 예의 없이 말을 할 수가 있겠습니까?"

아빠는 깜짝 놀랐어요.

"사친이효를 다 알아?"

"원광 스님이 만든 '세속오계' 중 효도에 관한 것이지요."

"우와, 대단하다!"

"별말씀을……."

"그럼 뜻도 알아?"

"부모님께 효도하라는 것입니다."

"와, 이재미 정말 대단한데?"

그러자 엄마가 무슨 일인가 문을 열고 들여다보았어요.

재미는 언제 그랬냐는 듯이 능청스럽게 말했지요.

"엄마, 공부 끝났어. 배고파, 밥 줘!"

아빠는 재미를 보며 껄껄 웃으셨어요.

## 백두산 장생초

2학년 2학기   읽기

**1** 병든 어머니를 낫게 하기 위해 아들은 높고 험한 백두산으로 갔어요. 그리고 이곳저곳을 돌아다니며 장생초를 찾았어요. 이처럼 부모를 섬기는 마음 을 뜻하는 한자는 무엇일까요?

❶ 孝      ❷ 親

❸ 思      ❹ 愛

이것은 愛 사랑 애와 思 생각할 사 인데……

**2** 결국, 아들의 지극한 효심에 하늘이 감동해 어머니를 살릴 장생초를 구할 수 있었어요. 세속오계에서 효도 에 대해 말하고 있는 것은?

❶ 사군이충      ❷ 교우이신

❸ 사친이효      ❹ 살생유택

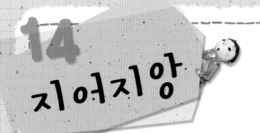

# 14

지어지앙

# 연못 속 물고기의 불행

**출전** 《여씨춘추(呂氏春秋)》의 〈필기〉

춘추전국시대 송나라에 환이라는 대신이 있었어요. 그에게는 세상에서 가장 귀한 구슬이 있었지요. 그런데 어느 날 그는 큰 죄를 짓고, 벌을 받을 것이 두려워 귀한 구슬을 가지고 도망쳤어요.

그러자 왕은 신하를 시켜 환을 찾아 귀한 구슬을 빼앗아 오라고 명령을 내렸지요. 신하들은 전국 방방곡곡을 돌아 간신히 환을 찾았어요. 그러나 환은 구슬이 없다며 말했어요.

"그 구슬은 내가 도망을 나오기 전 궁궐 앞 연못에 던져버렸습니다. 그러니 그곳을 찾아보십시오."

신하에게서 이 말을 전해 들은 왕은 당장 그물을 쳐 구슬을 찾으라고 했어요. 그래도 구슬이 나오지 않자 왕이 말했어요.

"어서 연못의 물을 모두 퍼내도록 해라!"

그러나 물을 모두 퍼낸 연못에서도 구슬은 나오지 않았어요. 결국, 구슬은 찾지도 못하고, 연못에 살던 애꿎은 물고기들만 억울하게 죽

없어요.

지어지앙(池魚之殃)은 이처럼 자신과는 아무런 상관도 없는 일로 인해 뜻하지 않게 겪게 되는 불행한 일을 말한답니다.

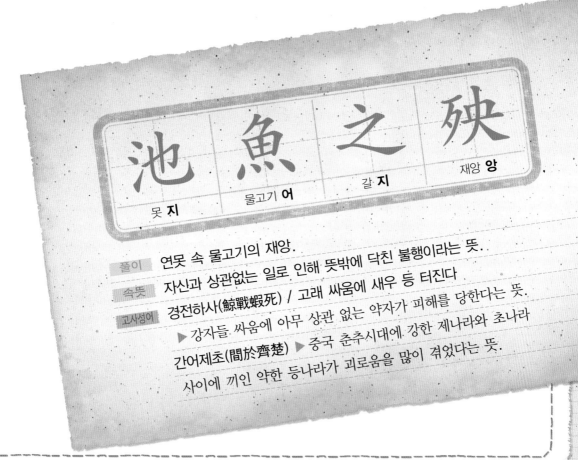

池 魚 之 殃

못 **지**　물고기 **어**　갈 **지**　재앙 **앙**

**풀이**　연못 속 물고기의 재앙.

**속뜻**　자신과 상관없는 일로 인해 뜻밖에 닥친 불행이라는 뜻.

**고사성어**　경전하사(鯨戰蝦死) / 고래 싸움에 새우 등 터진다

　▶ 강자들 싸움에 아무 상관 없는 약자가 피해를 당한다는 뜻.

　간어제초(間於齊楚) ▶ 중국 춘추시대에, 강한 제나라와 초나라

　사이에 끼인 약한 등나라가 괴로움을 많이 겪었다는 뜻.

항상 친하게 지낼 것만 같던 재미와 지원이, 소라 사이에 문제가 생겼어요. 아무것도 아닌 일에 지원이와 소라 사이가 삐걱거렸거든요.

지원이의 태권도 공개 심사가 있는 날이었어요. 지원이는 재미와 소라를 초대했지요.

"우리 태권도장에 놀러 와. 여러 가지 공연도 하고 끝나면 간단한 과자파티도 해."

재미와 소라는 꽃 한 송이를 사 가지고 태권도장으로 갔어요.

"나는 여자가 태권도 하는 건 별로더라."

소라 말에 지원이는 기분이 상했어요.

"남자, 여자가 어디 있어? 올림픽에 나간 여자 태권도 선수들이 얼마나 멋지니?"

"그래도 나는 여자가 운동하는 것은 별로야. 체조나 무용은 괜찮지만."

"그럼 너는 뭐가 되고 싶은데?"

"난 예쁜 드레스를 입고 연주하는 피아니스트가 될 거야."

"그래. 너는 예쁘니까 드레스를 입으면 잘 어울릴 거야. 하지만 태권도 선수도 그만큼 멋져."

지원이는 나무라듯이 소라에게 말했어요.

"왜 기분이 나빠? 우리 부모님은 언제나 당당하게 내 생각을 말하라고 하셨어. 그래서 솔직히 얘기했을 뿐인데……. 기분 나빴다면 미안해."

소라의 사과로 마무리되는 것 같았지만, 그 후로 둘은 말이 없었어요. 이쪽저쪽 눈치를 보던 재미가 중얼거렸지요.

"고래 싸움에 새우 등 터지겠군."

재미는 한자책에서 본 '지어지앙'이라는 말을 떠올렸어요. 나와 상관없는 일 때문에 내가 힘들어진다는 뜻으로 딱 이런 경우를 두고 하는 말이었지요. 재미는 지원이와 소라에게 말했어요.

"얘들아, 아무 일도 아닌 걸로 이러지 않았으면 좋겠어. 지어지앙이라고……."

소라와 지원이는 머쓱해져서 서로 바라보며 씩 웃었어요.

# 방귀쟁이

1학년 2학기 쓰기

**1** 두 방귀쟁이는 서로 자기의 방귀가 더 세다고 자랑하면서, 마당에 있던 커다란 절구통을 상대방 마당으로 날렸어요. 그 바람에 절구통 안에 살고 있던 토끼까지 밤하늘 속으로 멀리멀리 사라졌어요. 이야기와 같은 뜻을 가진 지어지앙 을 순서대로 나열하시오.

지어지앙은 자신과 상관없는 일로 인해 불행이 닥친다는 뜻이야.

❶ 殃   ❷ 池   ❸ 之   ❹ 魚

|  |  |  |  |
|---|---|---|---|
|  |  |  |  |

**2** 지어지앙 의 뜻으로 쓰이지 않은 것은?

❶ 구슬을 찾으려고 연못물을 퍼내 물고기가 죽었다.

❷ 황새와 조개가 다투는 사이 어부가 둘을 다 잡았다.

❸ 고래 싸움에 새우 등이 터졌다.

❹ 방귀쟁이들 싸움에 구경하던 토끼가 하늘로 날아갔다.

# 15

# 설상가상

## 쓸데없는 참견입니다

출전 《경덕전등록(景德傳燈錄)》

옛날 중국 도일선사라는 절에 대양화상이라는 스님이 있었어요. 그는 깨달음이 깊어 먼 곳에서도 그의 가르침을 얻고자 찾아오는 사람이 많았지요.

어느 날, 대양화상에게 이선사라는 중이 찾아와 인사를 하자 대양화상이 말했어요.

"너는 남들에게 보이는 것만 중요하게 생각할 뿐, 보이지 않는 곳에서는 갈고 닦지 않는구나!"

그러자 이선사는 못마땅한 얼굴로 말했어요.

"어찌 그런 말씀을 하십니까? 그 말씀은 눈 위에 다시 서리를 더하는 말씀이십니다[설상가상(雪上加霜)]."

대양화상은 이 말에 몸을 돌렸어요.

"서로 마땅치 못하도다."

이처럼 설상가상(雪上加霜)은 원래 '흰 눈 위에 다시 흰 서리를 더

한다'는 뜻으로, 쓸데없는 참견 또는 되풀이하여 반복한다는 뜻으로 쓰였어요. 하지만 점차 뜻이 바뀌어 지금은 '계속하여 어려운 일이 겹친다'는 표현으로 쓰이게 되었답니다.

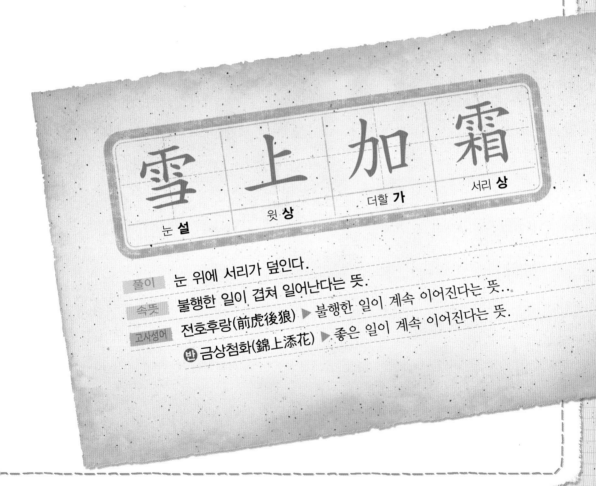

雪　上　加　霜

눈 **설**　　　윗 **상**　　　더할 **가**　　　서리 **상**

풀이　눈 위에 서리가 덮인다.

속뜻　불행한 일이 겹쳐 일어난다는 뜻.

고사성어　전호후랑(前虎後狼) ▶ 불행한 일이 계속 이어진다는 뜻...
　　　　　🔄 금상첨화(錦上添花) ▶ 좋은 일이 계속 이어진다는 뜻.

늦잠을 잔 재미는 아침도 먹지 못 하고, 학교에 가기 위해 헐레벌떡 집을 나왔어요.

"빨리 뛰어가면 벌점은 면할 수 있을 거야."

그런데 갑자기 비가 쏟아지기 시작했어요.

"어, 비가 오잖아! 그래도 많이 안 오니까 그냥 뛰어가야지."

학교 앞까지 갔을 때, 자동차 한 대가 마주 왔어요. 그런데 차가 너무 세게 달리는 바람에 고여 있던 물이 재미에게 튀고 말았지요. 재미는 흙탕물을 뒤집어썼어요.

"이게 뭐야! 이를 어쩌지?"

옷이 젖으니 으슬으슬 추웠어요.

"그냥 학교에 가야 하나? 집으로 돌아가야 하나?"

재미는 어쩔 줄 모르고 서 있었어요. 그때 낯익은 목소리가 들렸어요.

"재미야!"

"엄마!"

엄마가 우산을 받쳐 들고 걸어왔어요.

"갑자기 비가 와서 우산 챙겨왔어."

흠뻑 젖은 재미를 본 엄마는 깜짝 놀랐지요.

"꼴이 이게 뭐야?"

"그렇게 됐어."

"얼른 집으로 가자!"

"안 돼! 벌점 받는단 말이야. 그냥 들어갈래."

"젖은 옷을 입고 있으면 감기 걸려. 집에 가서 갈아입자."

재미는 엄마 손에 이끌려 집으로 향했어요.

"그런데 왜 이렇게 젖은 거야?"

"뛰어가는데 차가 휙 지나가서 물벼락을 맞았어."

"쯧쯧, 늦잠을 자서 아침도 못 먹더니, 설상가상으로 옷까지
젖고……. 아침부터 안 좋은 일만 겹치는구나."

　재미는 벌점 받을 생각을 하니 속상했어요. 하지만 어쩔 수 없
었지요.

교과서 속 **설상가상** 퀴즈

# 할미꽃 이야기

**1** 할머니는 시집간 손녀들이 보고 싶어 손녀들을 찾아갔어요. 하지만 큰 손녀는 초라한 할머니를 반가워하지 않았어요.        으로 둘째 손녀마저 돌아가라고 하자, 할머니는 길을 헤매다 막내 손녀의 집 앞에서 쓰러져 죽고 말았어요. 빈칸에 들어갈 말은 무엇일까요?

危機一髮은 위기일발이고,
錦上添花는 금상첨화란다.

❶ 錦上添花      ❷ 雪上加霜

❸ 一石二鳥      ❹ 危機一髮

**2** 불행한 일이 겹쳐 일어나는 설상가상의 반대말로 좋은 일이 이어진다 는 뜻을 가진 말은 무엇일까요?

❶ 전호후랑      ❷ 살신성인

❸ 금상첨화      ❹ 지어지앙

# 16 천신만고

## 천 가지 매움과 만 가지의 고통

출전 〈둔황문헌(敦煌文獻)〉

중국의 고대 문서인 〈둔황문헌(敦煌文獻)〉을 보면,
"전해 내려오는 불교 경전에서 말하기를, 부모가 자식을 낳아 돌보고 기르는 것이 천신만고이니[천신만고(千辛萬苦)], 추위도 애가 우는 소리도 절대 싫어하지 않는다."

이는 부모가 자식을 낳아 돌보고 기를 때에 심한 고생이 따르지만, 그 고통을 알면서도 마다치 않고 온갖 정성으로 길러주시니, 부모님의 은혜가 크다는 뜻이에요.

여기서 자식을 기르는 것을 왜 천 가지 매움과 만 가지의 고통이라고 했을까요? 그것은 자식을 기르는 일이 그만큼 힘들다는 뜻일 거에요. 그러니 부모님의 고통을 헤아려 은혜를 잊어서는 안 된답니다.

千 辛 萬 苦

일천.**천**  매울 **신**  일만 **만**  쓸 **고**

__풀이__ 천 가지 매운 일과 만 가지 괴로움.

__속뜻__ 온갖 고생을 다한다는 뜻.

__고사성어__ 천고만난(千苦萬難) ▶ 온갖 고생을 하고 애를 쓴다는 뜻.
산전수전(山戰水戰) ▶ 세상 어려운 일을 다 겪었다는 뜻.

**외규장각 의궤의 어머니**　　1886년 병인양요 때 프랑스군에 의해 약탈당했던 외규장각 의궤가 145년만인 2011년 4월 1일 우리 품으로 다시 돌아왔어요. 처음 이 의궤를 발견한 고 박병선 박사는 프랑스 국립도서관의 사서로 일하다 파손 창고에서 의궤를 발견하게 된 후 평생을 의궤를 되찾는 일에 바쳤어요. 의궤 때문에 도서관 측으로부터 권고사직을 당하기도 했지만, 그녀는 끝까지 싸워 외규장각 의궤를 만난 지 13년만인 1990년, 297권의 외규장각 의궤 해제 작업을 마무리했어요. 이처럼 고 박병선 박사의 '천신만고'가 없었다면 외규장각 의궤는 지금도 프랑스국립도서관 파손창고에서 잠들어 있었을 거예요.

"선생님! 보안관 할아버지가 안 보이시던데, 혹시 그만두셨어요?"

"그건 아니고, 좀 아프시다고 들었는데……. 왜 할아버지께 볼일이라도 있니?"

"아니요. 걱정이 돼서요. 할아버지와 입학할 때부터 친하게 지냈거든요. 저에게 너무 잘해주셨어요. 그런데 갑자기 안 보이셔서요."

"그럼, 선생님이 전화해서 어떠신지 알아봐 줄까?"

"네, 선생님."

수업이 다 끝난 후 선생님이 재미를 불렀어요.

"재미야, 할아버지가 전화를 안 받으시는구나. 그래서 주소를 적어 왔어. 걱정되면 선생님하고 같이 가볼까?"

선생님과 재미는 작은 마을버스를 타고 산동네에서 내렸어요.

"할아버지! 할아버지!"

겨우 집을 찾은 재미가 큰 소리로 할아버지를 불렀어요. 초인

종을 눌러도 대꾸가 없자 가슴이 덜컥 내려앉았지요.

"우리 옆에 있는 가게에 들어가서 물어보자."

선생님은 재미의 손을 잡고 가게로 들어갔어요.

"아주머니, 옆집 할아버지를 찾아왔는데요."

"아, 훈장 선생님 말이구먼! 원래 몸이 좀 안 좋으셨는데, 얼마 전에 몸져누우셨지 뭐야. 동네 사람들이 병원으로 옮겨 드렸어. 반장님을 찾아가면 어느 병원에 계신지 알 수 있을 거야."

동네를 헤매다 어렵게 만난 반장님은 친절하게 병원의 위치를 가르쳐주셨지요.

동네에서 내려와 병원으로 찾아갔어요. 병원에 도착해서 병실의 위치를 간호사에게 물어봤어요.

"302호 환자는 오늘 아침에 병실을 옮겼어요."

간호사가 가르쳐준 병실을 찾아가니 밖이 어둑어둑했어요.

"후유, 천신만고 끝에 찾았네. 정말 어렵게 찾아왔는데, 헛걸음이 되지 않아서 다행이야."

재미도 할아버지를 만날 수 있어서 다행이라고 생각했어요.

교과서 속 **천신만고** 퀴즈

## 꽁지 닷 발 주둥이 닷 발

**4학년 2학기** **읽기**

**1** 꽁지 닷 발 주둥이 닷 발 새에게 잡혀간 어머니를 구하기 위해 아들이 했던 **천신만고** 가 아닌 것은?

❶ 모 심어주기

❷ 누워서 떡 먹기

❸ 까치에게 벌레 한 소쿠리 잡아주기

❹ 고추밭 김매기

천신만고는 천 가지 매운 일과 만 가지 괴로움을 말해요.

**2** 아들은 일을 하고 고춧가루, 삭정이와 도꼬마리 등을 얻을 수 있었어요. 이렇게 얻은 물건들은 천신만고 끝에 어머니를 구하는 데 큰 도움이 되었지요. **천신만고** 와 같은 뜻인 다음 사자성어를 읽어보세요.

| 山 | 戰 | 水 | 戰 |

105

# 17 구곡간장

## 창자의 마디마디가 모두 끊어지다

출전 《삼국지(三國志)》

동진에 사는 환온이 촉나라로 갈 때의 일이에요. 환온이 배를 타고 강을 지나는데, 강 언덕에서 새끼 원숭이 한 마리가 놀고 있었어요. 사람들은 새끼 원숭이를 붙잡아 배에 태웠어요.

멀리서 이 모습을 본 어미 원숭이는 울부짖으며 배가 흘러가는 강을 따라 계속 달려왔어요. 어미를 본 새끼도 울어대자 사람들은 어쩔 수 없이 새끼 원숭이를 내려주기 위해 강기슭에 배를 댔어요.

배가 강가에 닿자 어미 원숭이는 사람도 두려워하지 않고, 배로 뛰어들어 새끼 원숭이를 데리고 갔어요. 그런데 새끼 원숭이를 안고 행복해하던 어미 원숭이가 갑자기 죽어 버렸어요.

사람들이 이를 이상하게 여겨 어미 원숭이의 배를 갈라보았더니 창자의 마디마디가 다 끊어져 있었어요. 여기서 구곡간장(九曲肝腸)이라는 말이 생겼다고 해요.

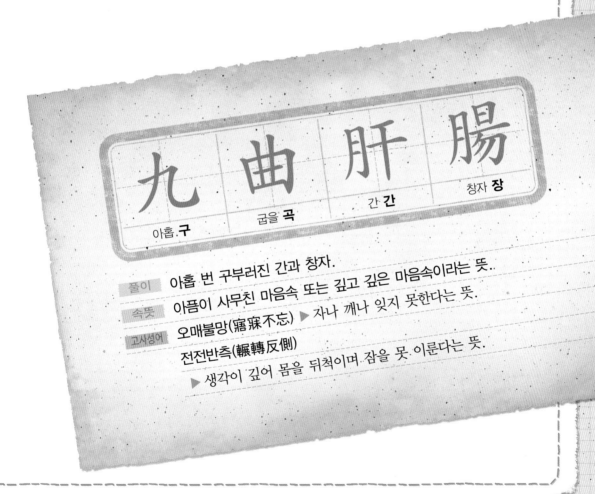

九 曲 肝 腸
아홉.**구** 굽을 **곡** 간 **간** 창자 **장**

풀이  아홉 번 구부러진 간과 창자.

속뜻  아픔이 사무친 마음속 또는 깊고 깊은 마음속이라는 뜻..

고사성어  오매불망(寤寐不忘) ▶ 자나 깨나 잊지 못한다는 뜻.

전전반측(輾轉反側)

▶ 생각이 깊어 몸을 뒤척이며 잠을 못 이룬다는 뜻.

 와 함께 하는 이야기 속 **구곡간장**

"할아버지!"

"재미가 아니냐? 아이고, 선생님도 오셨어요?"

할아버지는 조금 야윈 얼굴로 반갑게 맞아주셨어요.

"좀 어떠세요? 재미가 많이 걱정하기에 제가 데려왔어요."

"아무에게도 말하지 않았는데 어떻게 아시고⋯⋯."

"어렵게 찾아내긴 했지만, 헛걸음하지 않아서 다행이에요. 재미야, 할아버지와 이야기 좀 나누렴."

선생님은 구석에 놓인 의자에 앉으셨어요. 재미는 할아버지에게 다가가 손을 꼭 잡았지요.

"할아버지 괜찮으세요?"

"아무렴. 좀 과로한 데다 늙어서 그런 것뿐이야."

할아버지에게 그동안 있었던 이야기를 들려드리며 즐겁게 웃고 있을 때, 어떤 아저씨가 병실로 들어왔어요.

"아버지!"

할아버지는 깜짝 놀라셨지요.

"네가 웬일이냐? 이 먼 곳까지 어떻게 왔어?"

"아버지가 아프신데 와야지요. 지금 비행기에서 내려 바로 온 거예요."

"쓸데없는 짓을……. 그 먼 나라에서 뭐 하러 여기까지 와, 좀 있으면 퇴원인데."

"이번에는 아버지와 함께 미국으로 갈 거예요."

"난 싫다. 이렇게 얼굴 봤으니 됐어. 난 손자 같은 아이들이랑 함께 지내는 것이 좋아."

할아버지는 재미를 바라보며 말씀하셨어요.

"하지만 이번에는 꼭 아버지를 모시고 갈 거예요. 아버지 걱정에 구곡간장이 다 녹아내릴 지경이라고요. 어려운 살림이지만 우리 함께 살아요."

아버지를 생각하는 아들의 간절한 마음이 느껴졌어요.

날이 어두워 선생님과 먼저 병실을 나온 재미는 할아버지가 떠나실지, 학교에 남으실지 정말 궁금했어요.

교과서 속 **구곡간장** 퀴즈

# 금강산 도라지

**1** 돌아가신 어머니의 약값을 대신해 도라지는 부잣집에서 일
하기로 했어요. 떠나기 전 아버지를 안심시키고, 어머니의
산소에 들린 도라지는 눈물을 흘리다 **구곡간장**이 다 녹아 죽게
되었어요. 이유가 아닌 것은 무엇일까요?

❶ 몸과 마음이 몹시 지쳐서

❷ 어머니가 너무 보고 싶어서

❸ 부잣집으로 가는 것이 좋아서

❹ 홀로 계실 아버지가 걱정되어서

난 도라지가 죽어
피어난 꽃이야.

**2** 애절한 마음을 뜻하는 **구곡간장**은 어떤 고사에서 나온 말
인가요?

❶ 어미 사자의 새끼 사자에 대한 사랑

❷ 어미 원숭이의 새끼 원숭이에 대한 사랑

❸ 어미 코끼리의 새끼 코끼리에 대한 사랑

❹ 어미 사슴의 새끼 사슴에 대한 사랑

# 18 적반하장

## 잘못을 하고도 오히려 큰소리를 친다

**출전** 《순오지(旬五志)》

민가에서 떠도는 이야기와 속담을 모아 홍만종이 쓴 《순오지(旬五志)》를 보면,

"적반하장은 도리를 어긴 사람이 오히려 성내면서 업신여기는 것을 말한다[적반하장 이비리굴자반자능력(賊反荷杖 以比理屈者反自陵轢)]."

라고 하였다.

이처럼 적반하장(賊反荷杖)은 도둑이 도리어 매를 든다는 풀이처

112

럼 잘못한 사람이 잘못을 빌거나 미안해하기는 커녕 오히려 화를 내는 어처구니없는 경우에 쓰였어요.

　　지금은 '적반하장도 유분수'라는 말로 많이 사용되며, 황당하거나 어이가 없어 기가 차다는 원뜻 그대로 쓰이고 있답니다.

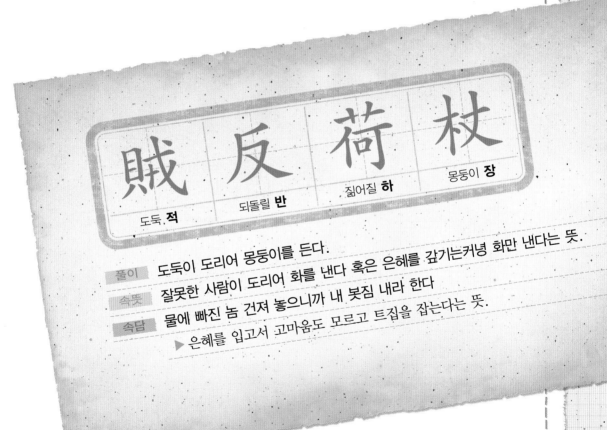

賊　反　荷　杖

도둑 **적**　　되돌릴 **반**　　짊어질 **하**　　몽둥이 **장**

**풀이**　도둑이 도리어 몽둥이를 든다.
**속뜻**　잘못한 사람이 도리어 화를 낸다 혹은 은혜를 갚기는커녕 화만 낸다는 뜻.
**속담**　물에 빠진 놈 건져 놓으니까 내 봇짐 내라 한다
　　　▶ 은혜를 입고서 고마움도 모르고 트집을 잡는다는 뜻.

와 함께 하는 이야기 속 **적반하장**

등굣길에 할아버지를 만난 재미는 기분 좋게 교실로 들어섰어요. 하지만 그날은 그리 좋은 날이 아니었어요.

"이것 봐라! 우리 삼촌이 사주신 게임기야. 부럽지?"

창민이는 아침부터 새로 산 게임기를 자랑하느라 바빴어요. 많은 아이가 창민이 주변에 몰려들었지요.

"앗싸! 내가 이겼어!"

"창민아, 너무 시끄러워. 좀 조용히 해줄래?"

소라의 말이 들리지 않는 척 창민이는 더 크게 소리쳤지요.

"와하하. 역시 나는 게임의 신이야!"

그러자 지원이가 말했어요.

"선생님한테 들키면 빼앗길 텐데……."

"쉬는 시간에만 하지 뭐."

창민이 말에 어이가 없는지 소라가 말했어요.

"으이구, 내 말은 못 들은 척하더니……."

그렇게 창민이는 종일 게임에 푹 빠져 있었어요. 심지어 걸을

때도 게임을 했어요. 그러다가 그만 책상다리에 걸려 휘청하며 넘어졌지요.

"어, 어~!"

옆에 있던 재미는 얼른 창민이의 허리를 잡아챘어요. 덕분에 창민이는 넘어지지 않았지만, 게임기는 '퍽' 소리를 내며 교실 바닥으로 내동댕이쳐졌답니다. 창민이는 울상이 되었어요.

"게임기가 망가졌잖아! 다 너 때문이야!"

그 말에 지원이가 화가 나서 말했어요.

"재미가 아니었으면 넘어졌을 거야."

"누가 잡아 달랬어? 그냥 놔두지. 그랬으면 게임기는 안 망가졌잖아! 이게 얼마짜린데……."

"적반하장이라고. 기껏 다치지 않게 도와줬더니, 쯧쯧. 게임기야 고치면 그만이지만 넘어져서 얼굴에 상처라도 났으면 어쩔 뻔했어? 그런데 고맙다고 하기는커녕 오히려 화를 내니?"

창민이는 살짝 기가 죽었어요. 역시 지원이 앞에서는 꼼짝도 못 했지요.

# 호랑이와 나그네

**3학년 1학기  읽기**

**1** 구덩이에 빠진 호랑이는 나그네에게 자기를 구해주면 절대로 잡아먹지 않겠다고 말했어요. 하지만 막상 밖으로 나오자 _____으로 나그네를 잡아먹으려 했어요. 어떤 말을 넣어야 할까요?

❶ 적반하장          ❷ 어부지리

❸ 오매불망          ❹ 천신만고

**2** 적반하장(賊反荷杖)에서 나오는 적(賊)은 도둑을 뜻해요. 그렇다면 호랑이와 나그네 중 적(賊)은 누구일까요?

**3** 나그네를 잡아먹으려는 호랑이에게서 나그네를 구해준 것은 누구일까요?

❶ 소나무          ❷ 소

❸ 토끼          ❹ 말

# 19 마이동풍

## 봄바람이 말의 귀를 스친다

**출전** 이백의 〈답왕십이한야독작유회(答王十二寒夜獨酌有懷)〉

　　당나라의 유명한 시인인 이백은 친구 왕십이가 자신의 괴로운 마음을 담아 시를 보내오자, 이것을 읽고 아래와 같은 시를 써서 답으로 보냈어요.

　　추운 밤, 홀로 술잔을 드는 왕십이에게 답하노라

　　지금 세상은 투계*를 잘하는 사람이 왕의 사랑을 받고,

　　오랑캐의 침입을 막아 공을 세운 사람이 대접을 받네.

　　그대와 나 같은 사람들은 그런 흉내도 낼 수도 없으니,

　　북쪽 창가에 앉아 시나 쓰세.

　　그러나 내 시가 아무리 뛰어나더라도

　　지금 세상에서는 물 한 잔 값도 되지 못하고,

　　더불어 세상 사람들이 내 시를 듣고 고개를 저으니,

**봄바람이 말의 귀를 스치는 것과 같다네.**

[유여동풍사마이(有如東風射馬耳)]

마이동풍(馬耳東風)은 이처럼 '봄바람이 말의 귀를 스친다'는 의미로, 남의 말을 귀담아듣지 않는 것을 비판하며 비유적으로 사용할 때 쓰인답니다.

★ **투계(鬪鷄)** 귀족들이 즐기던 놀이로 닭끼리 싸워 승부를 겨루는 놀이.

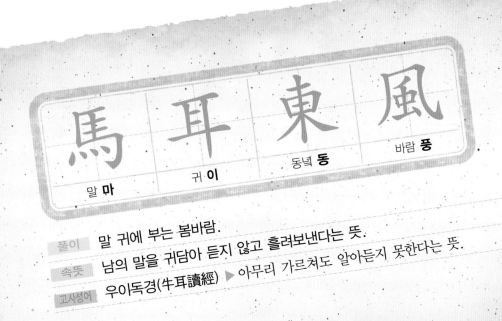

馬 耳 東 風

말 **마**  귀 **이**  동녘 **동**  바람 **풍**

풀이　말 귀에 부는 봄바람.

속뜻　남의 말을 귀담아 듣지 않고 흘려보낸다는 뜻.

고사성어　우이독경(牛耳讀經) ▶ 아무리 가르쳐도 알아듣지 못한다는 뜻.

와 함께 하는 이야기 속 **마이동풍**

"드디어, 여름 방학이에요. 더운데 건강하게 잘 지내고 개학
하면 만나요!"

선생님 말씀이 끝나자 교실은 온통 시끌시끌했어요.

"야호! 방학이다."

아이들은 후다닥 가방을 챙겨 집

으로 갔어요. 재미도 교

실을 나섰지요. 지원이랑 소라하고는 주소를 교환했어요. 방학
동안 편지를 하기로 약속했거든요.

　재미는 할아버지께도 인사를 했어요.

　"할아버지, 방학 동안 잘 지내세요!"

　"오냐, 가끔 놀러 오너라."

　"네."

　재미는 손을 흔들며 교문을 빠져나
갔지요.

　다음 날부터 재미는

늘어져라 늦잠을 잤어요.

"재미야, 일어나야지! 방학했다고 종일 뒹굴뒹굴, 너무하지 않니?"

"난 방학 내내 뒹굴거야. 히히."

"숙제도 하고, 책도 좀 읽어야지. 그러다가 일기 밀리면 어쩌려고?"

"아웅, 천천히 해도 돼. 걱정하지 마."

"요 녀석이 방학 내내 먹고 자고 하려나 본데, 숙제도 안 하고! 그러다가 방학 금세 끝난다."

"방학은 아직 많이 남았으니까 괜찮아!"

"엄마 말을 마이동풍으로 흘려듣는데, 나중에 숙제 때문에 발을 동동 굴러도 나는 모른다!"

재미는 엄마의 말이 들리지 않았어요.

# 선녀와 나무꾼

**1** 사슴이 은혜를 갚기 위해 선녀들이 목욕하는 곳을 가르쳐주며, 선녀 옷을 감추어 하늘로 올라가지 못하게 하라고 일러주었어요. 덕분에 나무꾼은 선녀와 결혼하여 행복하게 살 수 있었지요. 그런데 나무꾼이 사슴의 말 중 **마이동풍**으로 흘려들은 것은 무엇인가요?

❶ 부모님께 효도하세요.

❷ 아이를 셋 낳을 때까지 절대 선녀 옷을 주지 마세요.

❸ 하늘나라로 함께 올라가세요.

❹ 아이를 하나 낳았을 때 선녀 옷을 주세요.

**2** 마이동풍에 쓰인 한자의 뜻과 음을 쓰고, **마이동풍**의 뜻도 함께 쓰세요.

| 馬 | 耳 | 東 | 風 |

뜻:

# 20 일이관지

## 생각과 행동이 하나가 되다

**출전** 《논어(論語)》의 〈위령공편〉과 〈이인편〉

공자가 〈위령공편〉에서 말하기를,

"나는 많이 배워서 그것을 모두 기억하는 것이 아니라, 모든 것을 하나로 꿸 뿐이다[일이관지(一以貫之)]."

라고 하였어요.

또, 공자는 〈이인편〉에서도 같은 말을 했어요.

"나의 도는 하나로 꿰어져 있다."

그러자 증자만이 "네." 하고 대답했어요. 이 말을 제대로 알아들은 제자는 증자 단 한 명뿐이었지요.

공자가 나간 후 다른 제자들이 증자에게 물었어요.

"대체 저 말씀은 무엇을 뜻하는 것입니까?"

"선생님의 도는 마음을 다하여 자기를 용서하는 것처럼, 남을 용서할 줄 아는 데 있다는 뜻입니다."

공자가 말하는 일이관지(一以貫之)의 뜻은 생각과 행동이 하나로 통일되어 있다는 뜻과 함께 '처음부터 끝까지' 또는 '한 번에 끝까지'라는 뜻으로 쓰이고 있어요. '일관되다'라는 말이 바로 일이관지에서 나온 말이랍니다.

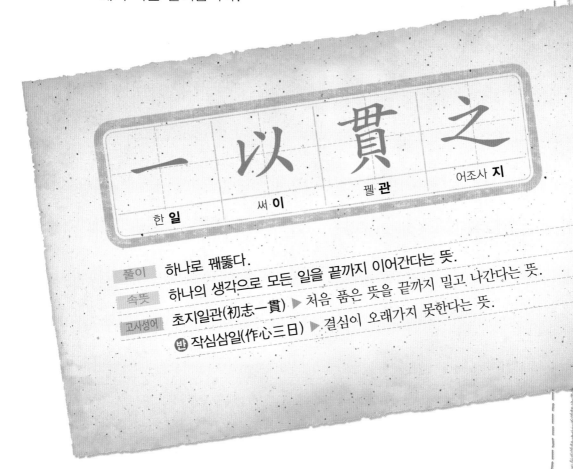

一 한 **일**
以 써 **이**
貫 꿸 **관**
之 어조사 **지**

풀이 하나로 꿰뚫다.

속뜻 하나의 생각으로 모든 일을 끝까지 이어간다는 뜻.

고사성어 초지일관(初志一貫) ▶ 처음 품은 뜻을 끝까지 밀고 나간다는 뜻.
반 작심삼일(作心三日) ▶ 결심이 오래가지 못한다는 뜻.

"재미야, 일어나. 엄마랑 나가자!"

"어디 가려고?"

"친구랑 점심 먹기로 했어."

"귀찮은데……."

엄마는 싫다는 재미의 손을 잡고 레스토랑으로 갔어요.

"반갑다. 재미야, 많이 컸구나!"

엄마 친구는 재미를 반갑게 맞아주었지요.

"민아야, 너는 방학 동안 뭐하니?"

엄마가 민아에게 물었어요.

"오전에는 숙제하고 오후에는 피아노, 발레, 영어 학원가야 해요."

"그렇게 바빠?"

엄마가 놀라자 친구는 아무렇지 않은 듯이 말했어요.

"방학이라고 해도 바쁘지 뭐. 요즘 아이들이 방학이 따로 있나? 재미는 어때?"

"재미? 놀아!"

엄마의 말에 재미는 얼굴이 화끈거렸어요.

'좋게 좀 얘기해주지.'

재미는 고개를 푹 숙이고 밥만 먹었어요.

"우리 딸은 정말 일이관지한다니까. 뭐든 한번 시작하면 포기하지 않고 끝까지 해. 피아노도 3년째 하루도 빠짐없이 나가고, 발레도 그렇고……."

"정말 부럽다."

엄마는 말이 없었어요. 재미는 이런 엄마에게 좀 섭섭한 마음이 들었어요.

'나도 잘하는 것이 있는데……. 한자만큼은 누구보다 잘하는데 왜 자랑하지 않지? 학교에서 보는 한자 시험도 늘 백 점인데…….'

재미는 엄마가 친구의 딸과 비교하는 것 같아 속상했답니다.

# 오늘이

**1** 자기를 낳아 주신 부모님을 찾겠다는 일관된 생각으로 오늘이는 멀고 험한 원천강으로 떠났어요. 길고 험한 길이었지만 부모님을 만나겠다는 생각에 오늘이는 포기할 수 없었지요. 이처럼 **한 가지 생각으로 일을 끝까지 이어간다** 는 뜻을 가진 말을 두 가지 쓰세요.

**2** 오늘이가 하는 행동과 전혀 반대되는 행동으로 결심이 오래가지 못한다는 뜻을 가진 **작심삼일** 의 빈칸을 채우세요.

# 21 자업자득

## 뿌린 대로 거두리라

출전 《정법염경(正法念經)》

불교 경전인 《정법염경(正法念經)》에 보면,

'자신이 저지른 일에 대한 업은 자신이 받는다' 라는 말로 자업자득을 설명하고 있어요. 여기서 '업' 이란 업보와 같은 말로 자신이 했던 행동에 대한 책임 또는 결과라고 생각하면 돼요.

불교에서는 이와 같은 말이 많이 쓰이는데 자신이 착한 행동을 하면 좋은 결과를, 나쁜 행동을 하면 나쁜 결과를 얻는다는 말이에요.

자업자득(自業自得)은 스스로 저지른 일에 대한 결과라는 뜻이지만, 그 쓰임은 좋은 의미보다는 나쁜 의미로 대부분 쓰여요. 자업자득과 비슷한 말인 인과응보(因果應報)* 또한 좋은 의미보다는 나쁜 의미로 쓰이는 경우가 많답니다.

★ **인과응보(因果應報)**   착한 일을 하면 좋은 결과를
나쁜 일을 하면 나쁜 결과를 얻는다.

自 業 自 得

스스로 **자**   일 **업**   스스로 **자**   얻을 **득**

**풀이**   자기가 저지른 일의 결과를 자기가 받는다.

**속뜻**   자기가 한 잘못된 행동의 벌을 결국 자기가 받는다는 뜻.

**고사성어**   인과응보(因果應報) ▶ 원인과 결과는 서로 맞물린다는 뜻.
　　　　　　자승자박(自繩自縛) ▶ 자신이 한 행동 때문에 괴로움을 당한다는 뜻.

**속담**   콩 심은 데 콩 나고, 팥 심은 데 팥 난다

**무서운 자연재해의 재앙**　　　2011년은 전 세계적으로 쓰나미, 홍수, 지진 등 자연재해가 유난히 많고 그 피해가 컸던 한 해였어요. 역사적으로 큰 피해를 주었던 2005년 미국 남부를 휩쓴 허리케인 때보다도 훨씬 피해가 컸지요. 전문가들은 자연재해가 점차 재앙으로 바뀌는 이유가 모두 사람 때문이라고 했어요. 잘못된 토지 이용과 환경문제 등이 재해의 위험을 계속 키우고 있는 것이지요. 사람의 이기심이 자연을 파괴하고, 파괴된 자연은 다시 자연재해라는 재앙으로 사람들에게 되돌려주는 '자업자득'의 결과가 아닐까요?

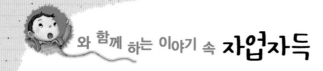

와 함께 하는 이야기 속 **자업자득**

　　방학이 일주일쯤 남아 있을 때였어요.

　　"일기가 아홉 개 밀렸나? 열두 개 밀렸나? '지혜누리' 독서장
도 한 열 개쯤 해야 하는데……."

　　이제는 엄마의 잔소리가 문제가 아니었어요.

　　"아, 방학이 언제 이렇게 지났지? 숙제는 언제 다 해! 일주일
동안 다 할 수 있을까?"

　　밀린 일기를 쓰던 재미는 엄마에게 도움을 청했어요.

　　"엄마, 일기가 밀려서 한꺼번에 쓰려는데 날씨를 모르겠어.
날씨만이라도 알아봐 줘."

　　엄마는 시큰둥하게 말했어요.

　　"도와주지 않기로 한 것 같은데?"

　　"숙제를 대신 해달라는 것도 아니고, 날씨만 좀 알아봐 달라
는 것뿐인데……."

　　할 수 없이 엄마는 인터넷에서 날씨를 뽑아 알려주었어요.

　　"이럴 줄 알았으면 진작 일기만이라도 써 놓을걸."

엄마는 재미의 마음을 안다는 듯이 혀를 끌끌 차며 말했어요.

"후회되지? 진작 엄마 말 듣지. 미리미리 했으면 개학 앞두고 고생하지 않았을 텐데……. 방학 때마다 이게 뭐니?"

"엄마가 야단 좀 더 쳐주지."

재미는 울상이 되어 엄마를 원망했어요.

"자업자득이야. 네가 할 일을 제대로 안 해서 이렇게 된 걸 누굴 탓하겠니?"

엄마 말에 울먹이던 재미가 갑자기 한자책을 집어 들었어요.

"그런데 '자업자득'이 뭐지?"

재미가 한자책을 뒤적거리자 엄마는 갑자기 웃음이 나 깔깔 웃었어요.

책에는 자업자득이란 '자기가 저지른 일의 결과를 자기가 받는다'고 쓰여 있었어요.

"치, 엄마는 도와주지도 않을 거면서 그런 말이나 하고……."

재미는 툴툴대며 늦도록 숙제를 했답니다.

 교과서 속 **자업자득** 퀴즈

# 금도끼 은도끼

**1** 욕심쟁이 나무꾼은 금도끼가 제 것이라는 거짓말 때문에 자신의 도끼까지 잃게 되었어요. 이처럼 **자신의 잘못된 행동으로 나쁜 결과를 얻게 된다** 는 뜻과 거리가 먼 것은 무엇일까요?

작심삼일(作心三日)은 결심이 사흘을 넘기지 못한다는 뜻이니라.

❶ 자업자득

❷ 작심삼일

❸ 콩 심은 데 콩 나고, 팥 심은 데 팥 난다

❹ 인과응보

**2** 자신의 행동에 대한 결과를 스스로 돌려받는다는 뜻을 가진 **자업자득** 의 빈칸을 채우세요.

| 自 | | 自 | |
|---|---|---|---|

# 22 유능제강

## 부드러운 것이 강한 것을 이긴다

**출전** 《도덕경(道德經)》

노자*의 《도덕경(道德經)》에서 보면,

'세상에서 부드럽고 약한 것으로는 물보다 더한 것이 없다. 더구나 단단하고 강한 것을 공격하는 데도 이보다 좋은 것이 없다. 약한 것은 강한 것을 이기고, 부드러운 것이 단단한 것을 이긴다[유능제강(柔能制剛)]. 이러한 이치를 모르는 사람이 없으나, 이것을 행동으로 옮기지는 못한다.'

노자는 유능제강을 위와 같이 말하며, 다음과 같은 부연 설명을 덧붙였어요.

'사람도 태어날 때는 부드럽고 약하나 죽을 때가 되면 단단하고 강해진다. 풀과 나무도 생길 때는 부드럽고 연하지만 시들 때가 되면 마르고 굳어진다. 〈중략〉 또한 군대가 강하면 멸망하고, 나무는 강하면 꺾인다. 강하고 큰 것은 아래에 있고, 부드럽고 약한 것은 위에 자리잡는다."

노자는 유능제강(柔能制剛)을 통해 부드러움의 중요성을 강조하였어요. 노자의 이러한 생각은 전쟁에서 이기는 방법을 적은 《황석공소서》에서도 같은 뜻으로 인용되었답니다.

★ **노자**(老子)  중국 고대 철학자이자 도가의 창시자이다.

柔 能 制 剛

부드러울 **유**　능할 **능**　누를 **제**　굳셀 **강**

**풀이**  부드러운·것이 강한 것을 이긴다.

**속뜻**  부드럽고 약한 것이 강한 것을 이긴다는 뜻.

**고사성어**  유능승강(柔能勝剛) ▶ 부드러운 것이 강한 것을 이긴다는 뜻.

"엄마가 뭐라고 했니? 방학 시작할 때부터 숙제하라고 그렇게 말했는데, 이제 개학이 내일인데 어떻게 할거야?"

전에 없이 무섭게 야단치는 엄마를 보니 눈물이 났어요.

"엄마는 도와주지도 않으면서 야단이나 치고……."

"다 큰 녀석이 야단 좀 맞았다고 울고, 선생님이 학교에서 제법 의젓하다고 하시기에 그런 줄 알았더니……."

재미는 눈물이 왈칵 쏟아졌어요. 때마침 집에 돌아온 아빠는 엄마가 야단치는 소리를 들었지요.

"아이에게 화를 내면 어떻게 해? 좋은 말로 해야지."

"당신은 저녁때나 휴일에 잠깐 놀아주는 게 다잖아요. 나도 이러고 싶지 않은데 점점 목소리가 커질 일이 생기는 걸 어떻게 해요?"

"그래도 아직 어린데 잘 다독이고, 가르쳐주는 수밖에. 왜 그런 말도 있잖아, 유능제강이라고. 부드러운 것이 강한 것을 이긴다."

"그럼 당신이 부드럽게 잘 얘기해봐요!"

화가 난 엄마는 주방으로 쿵쿵 걸어갔어요. 아빠가 방문을 열자 재미는 뛰어가 안겨서 엉엉 울었지요.

"왜 우니? 엄마한테 혼나서 그래?"

"아니."

"그럼?"

"학교에서는 남자인데도 제일 작은 1번이라서 아이들이 어리다고 놀릴까 봐 일부러 어른스럽게 행동했는데, 엄마는 그게 얼마나 힘든 줄도 모르고……."

"많이 힘들었겠구나!"

아빠는 재미를 꼭 안아줬어요.

"어쨌든 이번 일은 재미가 잘못했다. 아빠도 엄마가 숙제하라고 하는 소리를 여러 번 들었는데, 이렇게 숙제를 다 못 해가니 엄마가 속상해서 그런 거야."

재미는 고개를 끄덕였어요.

"이제 할 일은 다 하고 놀아야 한다?"

"응."

재미는 다시 책상 앞에 앉아 남은 방학 숙제를 했어요.

# 바람과 해님

**1학년 2학기 읽기**

**1** 바람과 해님이 나그네의 외투를 누가 먼저 벗기는
지 내기를 했어요. 바람은 세찬 바람을, 해님은
따뜻한 햇볕을 나그네에게 보냈어요. 나그네는 따뜻
한 햇볕에 외투를 벗었지요. **따뜻한 햇볕**은
어떤 한자와 관련이 있을까요?

❶ 유(柔)　　　　❷ 능(能)

❸ 제(制)　　　　❹ 강(剛)

**2** 유능제강은 부드럽고 약한 것이 강한 것을 이긴
다는 뜻이에요. 그 뜻을 생각하며 따라 써 보세요.

| 柔 | 能 | 制 | 剛 |
|---|---|---|---|
| 부드러울 유 | 능할 능 | 누를 제 | 굳셀 강 |

# 23 군계일학

닭의 무리 속에 있는 한 마리의 학

출전 《진서(晉書)》의 〈혜소전〉

위진시대 죽림칠현\*의 한 사람이었던 혜강은 철학자이자 시인이었어요. 그는 일곱 명의 친구와 함께 어지러운 세상을 떠나 산속에서 시를 짓고, 자연을 즐기며 지냈지요. 그러나 그는 안타깝게도 억울한 누명을 쓰고 죽음을 당했어요.

당시 그에게는 열 살 정도 되는 아들 혜소가 있었어요. 혜소는 아버지를 닮아 매우 총명하게 자랐어요. 장성한 혜소를 보며 대견해하던 아버지의 친구 산도가 위나라 왕에게 그를 추천했어요.

"《서경(書經)》의 〈강고편〉에 보면 부모가 죄를 지었어도, 자식은 죄가 없다고 하였습니다. 혜소는 혜강의 아들이지만, 매우 총명하오니 그를 신하로 받아주십시오."

왕은 산도의 청을 흔쾌히 받아들여, 혜소에게 비서승의 벼슬을 주었어요.

혜소가 벼슬에 나가기 위해 낙양으로 가던 날, 사람들은 이 모습을 보기 위해 구름처럼 몰려들었어요. 이날 혜소를 본 어떤 사람이 죽림칠현의 왕융에게 말했어요.

"어제 많은 사람 틈에서 궁궐로 들어가는 혜소를 보았습니다. 그 모습이 어찌나 늠름하던지, 마치 닭의 무리 속에 있는 한 마리의 학과 같았습니다[군계일학(群鷄一鶴)]."

★ **죽림칠현(竹林七賢)** 중국 진나라 초기에 노장의 무위 사상을 숭배하며, 산 속에 모여 세월을 보낸 산도, 왕융, 유영, 완적, 완함, 혜강, 상수 등 일곱 명의 선비를 말한다.

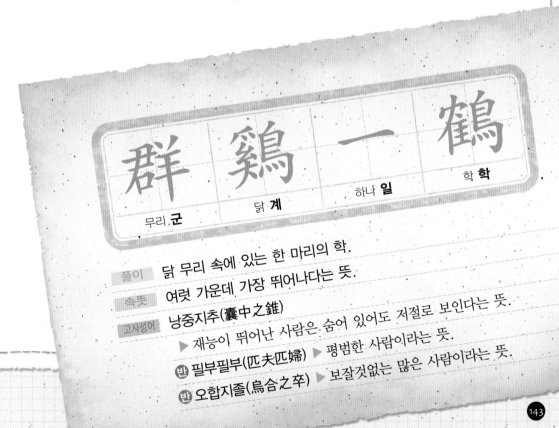

群 무리.**군** 　鷄 닭 **계** 　一 하나 **일** 　鶴 학 **학**

풀이 닭 무리 속에 있는 한 마리의 학.

속뜻 여럿 가운데 가장 뛰어나다는 뜻.

고사성어 낭중지추(囊中之錐)
▶ 재능이 뛰어난 사람은 숨어 있어도 저절로 보인다는 뜻.

반 필부필부(匹夫匹婦) ▶ 평범한 사람이라는 뜻.

반 오합지졸(烏合之卒) ▶ 보잘것없는 많은 사람이라는 뜻.

　다음 날, 학교에 가니 아이들이 숙제를 꺼내 놓고 시끌시끌했어요. 지원이와 소라도 꼼꼼하게 숙제를 잘 해왔어요.

　특히 지원이는 빈 요구르트병을 붙여 알록달록 색칠해서 책꽂이를 만들었는데 정말 근사했어요.

　선생님께서 숙제를 걷을 때, 재미는 사실대로 말씀드렸어요.

　"선생님, '지혜누리'는 다 못해왔어요."

　"그럼 앞으로 일주일 동안 '지혜누리' 다해서 검사받기다? 꼭이야!"

　"네, 선생님!"

　"만들기 숙제는 뒤에 가져다 놓고."

　재미가 만들기 작품을 꺼내자 아이들이 '와아' 소리쳤어요. 아이들이 만든 것 중에 최고로 멋졌으니까요. 우쭐해진 재미는 작품을 들고 뒤로 갔지요.

　그때 창민이가 큰 소리로 말했어요.

　"재활용품으로 만든 게 아니잖아!"

144

아이들과 선생님은 눈을 크게 뜨고 다시 들여다보았지요.

"사실은 어젯밤에 급히 만드느라 재활용품이 없어서……."

"이번 만들기는 학년별로 1, 2, 3등을 뽑고 멋진 작품을 복도에 전시하기로 했어. 쓸모없는 재활용품이 얼마나 멋지게 변할 수 있는지 보여주기로 했거든. 아깝지만 재미의 것은 출품할 수가 없구나."

실망한 재미는 집으로 가는 길에 보안관 할아버지에게 속상한 마음을 털어놓았어요.

"손재주가 좋네? 재미가 만든 작품이 군계일학이었겠는데?"

"군계일학이요?"

"응. 가장 잘 만들었다고."

"그럼 뭐해요. 출품하지도 못하는데……."

"쯧쯧, 크게 실망했구나. 그럼 나에게 주겠니? 여기다 전시해 놓게."

재미는 만들기 숙제를 할아버지께 선물로 드렸어요.

다음 날부터 보안관실 창 너머로 재미의 멋진 작품을 볼 수 있었답니다.

 교과서 속 **군계일학** 퀴즈

## 재주꾼 오 형제

**1** 재주꾼 오 형제가 각기 다른 재주로 **군계일학**이 될 수 있는 이유를 연결해 보세요.

큰손이 •　　　　　❶ 오줌을 엄청나게 눈다.

콧김이 •　　　　　❷ 콧김을 세게 분다.

오줌이 •　　　　　❸ 손이 아주 크다.

배돌이 •　　　　　❹ 무쇠 신을 신다.

무쇠발이 •　　　　　❺ 옷고름에 배를 매달았다.

**2** **군계일학(群鷄一鶴)**에 나오는 동물은 무엇과 무엇일까요?

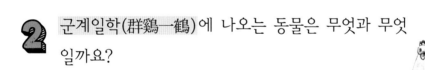

❶ 개　　　❷ 닭　　　❸ 학　　　❹ 비둘기

**3** 군계일학과 반대되는 말로 **평범하다**는 뜻을 가지고 있는 말은 무엇일까요?

❶ 낭중지추　　❷ 필부필부　　❸ 오합지졸　　❹ 계군일학

# 24 소탐대실

## 작은 것을 탐하다 큰 것을 잃는다

출전 《신론(新論)》

전국시대 진나라 혜왕은 촉나라를 정벌하려 했어요. 하지만 촉나라까지 가는 길이 험하여 신하들과 방법을 찾아 고심하고 있었지요. 그러던 어느 날, 신하 한 명이 좋은 생각이 있다면 혜왕에게 말했어요.

"신이 듣기에 촉의 군주가 재물 욕심이 아주 많다고 합니다. 그 점을 이용해 진귀한 보물을 선물하는 것처럼 속여 촉나라에 침입하는 것은 어떨까요?"

혜왕은 좋은 생각이라며, 신하들에게 옥으로 커다란 소를 만들고, 그 속을 파내 황금과 비단을 가득 채우라고 명령했어요.

그리고 '쇠똥의 금'이라고 이름 붙여, 촉의 군주에게 선물로 보낸다는 소문을 퍼뜨렸지요. 이 소문은 금세 촉의 군주에게 전해졌고, 촉의 군주는 진나라 사신을 만나고자 했어요.

사신이 촉의 군주에게 물품 목록을 건네자, 촉의 군주는 몹시 흡족해하며 신하에게 옥우(玉牛)를 맞이할 길을 크고 넓게 만들도록 명령했어요.

혜왕은 옥우와 함께 수만 명의 군사를 촉나라에 보냈어요. 하지만 촉의 군주는 선물에 정신이 팔려 진나라의 군사들은 눈에 들어오지 않았지요.

촉의 군주는 신하들을 거느리고 직접 이들을 맞이했어요. 그때, 진나라 병사들이 숨겨 두었던 무기를 꺼내 촉을 공격했고, 촉의 군주는 잡히고 말았어요. 촉의 군주는 큰 선물을 받기는커녕 자신이 모아 놓았던 많은 재물까지도 모두 빼앗기고 말았답니다.

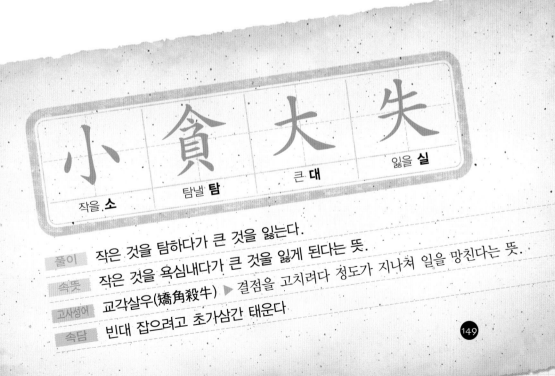

小 貪 大 失

작을 **소**　　탐낼 **탐**　　큰 **대**　　잃을 **실**

풀이 ▶ 작은 것을 탐하다가 큰 것을 잃는다.

속뜻 ▶ 작은 것을 욕심내다가 큰 것을 잃게 된다는 뜻.

고사성어 ▶ 교각살우(矯角殺牛) ▶ 결점을 고치려다 정도가 지나쳐 일을 망친다는 뜻.

속담 ▶ 빈대 잡으려고 초가삼간 태운다

새 학기 문제집을 사려고 엄마와 서점에 나왔어요.

"엄마, 이렇게 많은 문제집 중에 어떤 것으로 살까?"

"문제가 많은 것이 좋지 않을까?"

"그것보다는 설명이 잘되어 있는 걸로 할래. 어려운 문제들이 많아서."

"그래. 네가 좋은 걸로 하자."

엄마가 문제집을 꼼꼼히 살피는 동안 재미는 만화책 코너로 갔어요. 갖가지 만화책들이 재미의 눈길을 사로잡았지요. 그중 하나가 눈에 확 들어왔어요.

"엄마, 나 만화책 하나만 사주면 안 돼?"

"만화책? 과학이랑 한자 만화책은 집에도 있잖아."

"만화책이 그것만 있는 줄 알아?"

재미는 만화 코너로 엄마의 손을 잡아끌었어요. 재미가 가리킨 책은 무서운 이야기를 엮은 만화책이었지요.

"그런 책을 뭐하러 사?"

"골고루 읽어야지. 사줄 거지?"

"안 돼! TV 만화 시리즈까지는 괜찮지만, 그건 안 돼."

"요즘 유행하는 책이라 없으면 말이 안 통한단 말이야."

"아이고, 별 핑계를 다 대는구나."

문제집 계산이 끝나고 마지막으로 만화책을 집어 든 점원이 스티커북을 꺼내주었어요.

"만화책 사은품입니다."

"재미, 너 사은품 때문에 사려는 거였어?"

"헤헤. 뭐……."

"만화책은 빼주세요."

"왜? 사준다고 했잖아! 책도 보고 사은품도 받으면 좋지."

"요 녀석! 배보다 배꼽이 더 크게 생겼잖아. 스티커북이야 기껏해야 몇천 원인데 그것 때문에 만 오천 원이나 하는 책을 사? 그게 바로 소탐대실이야. 작은 것을 탐하다가 더 큰 걸 잃는 거라고!"

"사줘! 사줘!"

재미는 엄마의 치맛자락을 붙잡고 한참이나 졸랐답니다.

# 황금알을 낳는 거위

**3학년 1학기  읽기**

**1** 하루에 한 개씩 황금알을 낳는 거위를 가진 부부는 처음에는 행복했지만, 부자가 될수록 점점 욕심이 생겼어요. 거위의 배를 가르면 하루에 한 개가 아니라 황금 덩어리를 한 번에 얻을 수 있을 거로 생각했지요. 하지만 거위의 배를 가르자 뱃속에는 아무것도 없었어요. 이처럼 작은 것을 탐하다 큰 것을 잃는다 는 말을 만들어 보세요.

크다

작다 → 貪   失

**2**  소탐대실 과 같은 뜻을 가진 말을 찾으세요.

❶ 교각살우 : 쇠뿔을 바로 잡으려다 소를 죽인다.

❷ 고래 싸움에 새우 등 터진다.

❸ 빈대 잡으려고 초가삼간 태운다.

❹ 믿는 도끼에 발등 찍힌다.

# 25

## 새옹지마

### 이것이 복이 될지 어찌 압니까?

옛날 중국 북쪽에 점을 잘 치는 노인이 살고 있었어요. 그에게는 매우 아끼는 수말이 한 마리 있었는데, 어느 날 오랑캐들이 사는 곳으로 도망쳐 돌아오지 않았지요. 마을 사람들이 노인을 걱정하며 위로하려 하자 노인은 아무렇지 않은 듯 말했어요.

"이것이 복이 될지 어찌 압니까?"

그렇게 몇 달이 지난 어느 날, 도망쳤던 수말은 암말과 함께 망아지를 데리고 돌아왔어요. 마을 사람들은 모두 몰려와서 자기 일처럼 축하했지요. 그러나 노인은 조금도 기뻐하지 않고 말했어요.

"이것이 화를 부를지 어찌 압니까?"

얼마 후 말타기를 좋아하던 노인의 아들이 암말을 타고 들판을 달리다 떨어져서 그만 다리를 못 쓰게 되었어요. 사람들이 아들이 다친 것을 안타까워하자 노인이 말했어요.

"이것이 복이 될지 어찌 압니까?"

그리고 몇 년 후 오랑캐들이 쳐들어와 모든 남자는 전쟁터에 나가
야 했어요. 전쟁터에 나간 남자들 대부분이 전쟁터에서 죽음을 맞았
지요. 하지만 다리가 불편했던 노인의 아들만은 죽음을 면할 수 있었
답니다.

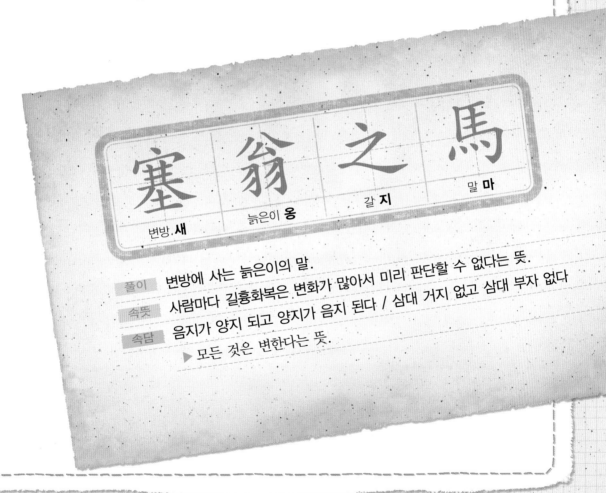

塞 翁 之 馬

변방.**새**    늙은이 **옹**    갈 **지**    말 **마**

풀이 변방에 사는 늙은이의 말.

속뜻 사람마다 길흉화복은 변화가 많아서 미리 판단할 수 없다는 뜻.
음지가 양지 되고 양지가 음지 된다 / 삼대 거지 없고 삼대 부자 없다

속담
▶ 모든 것은 변한다는 뜻.

 **와 함께 하는 이야기 속 새옹지마**

중간고사에서 재미는 국어 50점, 수학 50점을 받았어요. 지금 까지 한 번도 받은 적이 없는 점수였지요.

"이게 정말 네 시험지야? 두 과목 합쳐서 100점이네?"

재미는 웃음이 나와서 고개를 숙이고 켁켁 웃었어요.

"웃음이 나오니? 사회랑 과학은 어떻게 됐어?"

"그건 내일 주신대."

"쯧쯧, 만날 한자책만 끼고 다니더니……."

엄마는 성적이 떨어진 이유가 한자 때문이라고 생각했어요.

"그래도 내가 한자는 많이 알잖아."

"한자만 많이 아는 것보다 모든 과목을 골고루 아는 게 훨씬 좋지! 안 되겠다. 내일부터 국어, 수학 학원을 알아봐야지."

재미는 학원 다니기가 정말 싫었지만, 엄마 마음을 돌릴만한 좋은 방법이 떠오르지 않았지요.

다음 날, 재미는 신이 나서 집으로 뛰어 왔어요. 주방에서 일 하는 엄마에게 상장을 쑥 내밀며 말했지요.

"한자 경시대회 상장!"

"어머나, '우수상'이네? 언제 경시대회를 했어?"

"지난주에."

"아이고 기특해라. 한자 공부만 한다고 걱정했는데 이렇게 엄마를 기쁘게도 해주네?"

그날 밤, 재미는 자는 척하며 엄마, 아빠가 하는 이야기를 들었어요.

"재미가 한자에 소질이 있는 것 같아요. 공부를 좀 더 시킬까 봐요."

엄마의 말에 아빠가 껄껄 웃었지요.

"언제는 재미가 한자 공부에 빠져서 교과 공부를 소홀히 한다고 한자책도 뺏어야 한다더니?"

"어머나, 내가 언제요?"

재미는 혼자 중얼거렸지요.

"새옹지마라고 앞일은 어떻게 될지 모른다더니……. 한자 때문에 혼나다가 한자 때문에 칭찬받네?"

재미는 살며시 미소 지으며 잠이 들었답니다.

## 교과서 속 새옹지마 퀴즈

# 심청전

**1** 효심 지극한 심청이는 아버지가 눈을 뜰 수 있다는 말에 공양미 [    ]을 받고 [    ] 제물로 팔려갑니다. 하지만 용왕님 덕분에 [    ]도 만나고, [    ]에 실려 왕을 만나 왕비가 되지요. [    ]를 채우세요.

❶ 연꽃                ❷ 인당수

❸ 삼백 석             ❹ 어머니

**2** 심청이가 목숨을 버리고 바다에 뛰어들었던 것이 오히려 큰 복이 될 줄은 아무도 몰랐을 거예요. 이처럼 사람의 길흉화복은 미리 판단할 수 없다는 뜻을 가진 말을 쓰세요.

# 26

# 영서연설

## 등불을 높이 들라

출전 《한비자(韓非子)》의 〈외저설〉

춘추시대 초나라의 도읍 영에 사는 어떤 사람이 연나라 재상에게 편지를 쓰게 되었어요. 마침 해가 뉘엿뉘엿 저물어 어두워지자 그는 하인을 불러 등불을 켜 비추라고 했지요.

한참을 편지 쓰기에 집중하던 그는 등불 그림자를 보고 하인에게 말했어요.

"등불을 높이 들라!"

그는 하인에게 한 말을 얼결에 편지에 써넣었어요. 하지만 그는 알지 못했지요. 편지는 연나라 재상에게 전해졌어요.

재상은 편지를 읽고 또 읽으며 '등불을 높이 들라!'는 말이 무슨 뜻인지 고민했어요. 그러다 '밝음을 존중하라', 즉, '현명한 사람을 벼슬에 올려라'라는 뜻으로 해석해 그대로 실천했다고 해요.

영서연설(郢書燕說)은 이처럼 이치에 맞지 않는 것을 가져다 억지로 맞춘다는 뜻으로 쓰인답니다.

郢 書 燕 說

땅이름 **영**　　글 **서**　　나라 이름 **연**　　말씀 **설**

**풀이** 영에서 온 편지를 연나라에서 해설한다.

**속뜻** 이치에 맞지 않는 것을 억지로 끌어다 맞춘다는 뜻.

**고사성어** 아전인수(我田引水) ▶ 자기에게만 유리하도록 행동한다는 뜻.

**속담** 잘되면 제 탓 못되면 조상 탓

**독도는 대한민국 땅!**　　일본은 1905년 러일전쟁 때 독도를 자기네 땅에 포함하여 다스렸기 때문에 독도는 일본 땅이라고 우기고 있어요.

하지만 그보다 훨씬 전인 삼국시대부터 지금까지 독도가 우리 땅이라는 증거는 아주 많아요. 삼국사기에는 '우산국(독도)이 신라에 속했다'는 기록이 있고, 그 밖에도 수많은 책과 문서에서 독도가 우리 땅이라는 기록을 찾아볼 수 있지요. 그런데도 독도가 자기네 땅이라고 계속 우기는 일본의 주장은 '영서연설'이 아닐 수 없답니다.

"오늘은 대청소 날이에요. 모두 힘을 합쳐 교실을 반짝반짝하게 만들어요."

"네에!"

우렁찬 대답과 함께 청소가 시작되었어요. 재미는 유리창을 맡아 반들반들 닦았어요. 그런데 같이 유리창을 맡은 창민이는 자기 책상만 박박 닦았어요.

"창민아, 너도 유리창을 닦아야지!"

"나까지 유리창에 매달려 있으면 덩치가 커서 비좁을 테니까 너희끼리 닦아. 다 너희를 위해서야!"

아이들은 모두 어이없어했어요.

창민이는 청소시간 내내 자기 책상 하나만 닦고 빈둥거렸지요. 청소가 끝날 무렵 선생님이 들어오셨어요.

"벌써 다 했네? 미안! 그 대신 선생님이 청소 끝나고 맛있는 거 사줄게!"

아이들은 '와아!' 손뼉을 치며 좋아했어요. 그중에도 창민이가 가장 신이 났지요.

"피자 사주세요! 아주 큰 걸로요!"

그러자 소라가 말했어요.

"너는 청소도 안 했잖아!"

"그게 무슨 말이야? 창민이는 청소 안 했어?"

창민이는 얼굴까지 빨개지며 팔짝팔짝 뛰었어요.

"아니에요! 저도 청소했어요! 제 책상이 얼마나 더러웠다고요. 닦느라고 아주 힘들었어요."

소라는 창민이가 한 말을 선생님께 말씀드렸어요.

"창민아, 그렇게 영서연설이라고 편한 대로 생각하고 행동하면 안 돼! 오늘은 모두 함께 청소하는 날인데 너만 놀면 되겠어? 음, 그렇다고 창민이만 빼고 먹을 수는 없으니까 뭔가 일을 좀 시킬까?"

기다렸다는 듯이 소라가 말했어요.

"선생님, 유리창 닦은 걸레가 아직 그대로 있어요!"

"그래? 그럼, 창민이가 걸레를 빨아서 널고 학교 앞 피자 가게로 와. 알았지?"

"네? 네."

창민이는 억지로 대답했답니다.

교과서 속 **영서연설** 퀴즈

# 요술 항아리

성실한 농부가 밭을 사서 열심히 일하다가 요술 항아리를 발견했어요. 그러자 농부에게 땅을 팔았던 욕심쟁이 양반이 "땅은 팔았지만, 항아리는 판 적이 없으니 내 것이다"라고 했지요. 둘은 싸우다 원님에게 결판을 내달라며 찾아갔어요. 그러나 요술 항아리가 탐이 났던 원님마저도 "귀한 물건은 나라의 것이니 놓고 가거라"라고 했어요.

> 수수방관(袖手傍觀)은 나서야 할 일에 상관하지 않고 그대로 두는 거야.

**1** 요술 항아리가 욕심이 나서 억지를 쓴 두 사람은 누구일까요?

❶ 나무꾼   ❷ 원님   ❸ 양반   ❹ 농부

**2** 이들처럼 이치에 맞지 않는 것을 억지로 끌어다 맞춘다는 뜻을 가진 말이 아닌 것은?

❶ 아전인수   ❷ 잘되면 제 탓 못되면 조상 탓
❸ 영서연설   ❹ 수수방관

# 27 개과천선

## 잘못을 깨달아 착한 사람이 되다

출전 〈진서(晉書)〉의 〈본전〉

진나라 양흠 지방에 주처라는 사람이 살고 있었어요. 그는 아버지가 벼슬을 했을 정도로 좋은 가문에서 태어났지만, 어린 나이에 아버지가 세상을 떠나자 집안이 기울어 공부할 수 없었지요. 주처는 이런 자신의 환경을 원망하며, 나쁜 짓을 일삼고 다른 사람에게 난폭한 행동을 했어요.

어느 날, 그는 친구에게 마을 사람들이 왜 나만 보면 얼굴을 찡그리느냐고 물었어요. 그러자 친구가 말하기를

"이 지방에 해로운 것이 세 가지 있는데, 하나는 남산에 있는 사나운 호랑이이고, 또 하나는 긴 다리 밑에 있는 용이라네. 그리고 마지막이 바로 주처 자네라네."

이 말을 들은 주처는 정말 새사람이 되겠다고 다짐하며, 사람들에게 결심을 말했어요. 하지만 누구도 그의 말을 믿어주는 사람이 없었지요.

주처는 자신의 결심을 보여주기 위해 남산의 호랑이와 다리 밑의 용을 죽였어요. 하지만 사람들은 그가 살아 돌아온 것을 반기지 않았지요.

주처는 실망하여 유명한 학자인 육기를 찾아가 자신의 사정을 말했어요. 그러자 육기가 말하기를,

"자네가 지난날의 잘못을 바로잡고 착한 사람이 된다[개과천선(改過遷善)]면 자네의 앞날은 좋아질 것이네."

라며 주처를 격려해 주었어요. 주처는 이 말에 힘을 얻어 열심히 공부하고 덕을 쌓아 훌륭한 학자가 되었답니다.

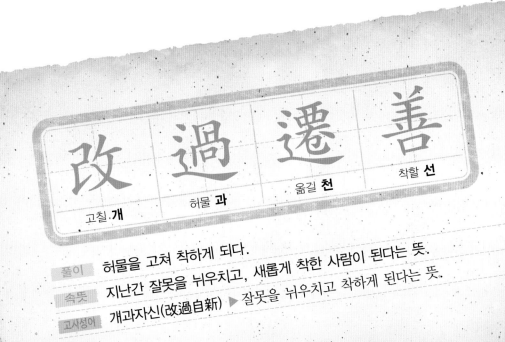

改 過 遷 善

고칠 **개**　　허물 **과**　　옮길 **천**　　착할 **선**

풀이　허물을 고쳐 착하게 되다.

속뜻　지난간 잘못을 뉘우치고, 새롭게 착한 사람이 된다는 뜻.

고사성어　개과자신(改過自新) ▶ 잘못을 뉘우치고 착하게 된다는 뜻.

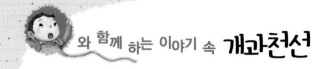 와 함께 하는 이야기 속 **개과천선**

수업이 끝나고 재미가 집으로 걸어갈 때였어요.

"이러지 마요."

재미는 건물 뒤에 숨어 몰래 지켜봤어요. 창민이는 벌벌 떨며 벽에 붙어 있고, 세 명의 키 큰 중학생 형들이 창민이를 둘러쌌지요.

"아무것도 없잖아?"

형들은 창민이의 옷자락을 확 잡아당겼지요. 꼭 때릴 것만 같았어요. 재미는 자기도 모르게 소리쳤어요.

"안 돼!"

얼떨결에 뛰쳐나간 재미는 어쩔 줄을 몰랐어요.

"뭐야? 쪼그만 게……."

"나는 창민이 친구예요. 창민이 괴롭히지 마요!"

그러자 창민이의 옷자락을 잡고 있던 형이 말했어요.

"덩치도 큰 녀석이 저렇게 작은 애랑 노냐?"

창민이가 아무 말 못 하고 벌벌 떠는데, 순찰차가 지나가는 것

168

이 보였어요.

"앗, 너희 아버지다! 너희 아버지 경찰이잖아?"

재미가 소리치자 우연히도 순찰차가 멈춰 섰어요. 형들은 깜짝 놀라 후다닥 도망쳤지요.

사실 순찰차는 골목길에서 할머니 한 분이 천천히 길을 건너고 계셔서 멈춰선 거였어요. 재미는 한숨을 푹 쉬고, 창민이는 그 자리에 주저앉고 말았어요.

"재미야, 넌 쪼그만 게 겁도 없다. 고마워!"

"네가 고맙다고 하는 건 처음이야."

"그런가? 그런데 넌 내가 밉지 않니? 작다고 놀리고, 여자애들하고 논다고 놀렸는데……."

"당연히 밉지! 어느 때는 한 대 때려주고 싶었어. 하지만 그렇다고 맞게 내버려 둘 수는 없잖아?"

"나도 못된 짓 많이 했었는데……. 이제야 나쁘다는 걸 알았어. 앞으로는 안 그럴 거야."

다음 날부터 창민이는 장난도 안 치고 아이들을 놀리지도 않았어요. 선생님과 아이들은 창민이가 새사람이 됐다며 개과천선했다고 말했답니다.

교과서 속 개과천선 퀴즈

# 황소가 된 돌쇠

**1** 돌쇠는 아주 게으른 총각이었어요. 그런데 돌쇠가 개과천선 해 새사람이 되었어요. 돌쇠에게 어떤 일이 있었는지 흐름에 맞게 이야기를 만들어 보세요.

❶ 돌쇠는 다시 사람이 되었어요.

❷ 돌쇠는 너무 힘들어 죽으려고 무를 먹었어요.

❸ 할아버지를 만나 황소 탈을 뒤집어썼어요.

❹ 돌쇠는 소로 변해 매일매일 밭을 갈며 일 했어요.

나는 소가 아니라 돌쇠라고요.

**2** 돌쇠처럼 지나간 자신의 잘못을 뉘우치고, 새롭게 착한 사람이 된다는 뜻을 가진 개과천선 에서 착하게 변하다 라는 뜻을 가진 말을 채우세요.

改 過 □ □

# 28 어부지리

## 어부의 횡재

출전 《전국책(戰國策)》의 〈연책〉

춘추전국시대 연나라가 흉년이 들어 백성이 굶게 되자, 이웃 나라인 조나라 혜왕은 연나라를 침략할 계획을 세웠어요. 이 소식을 들은 연나라 소왕은 언변이 좋은 소대라는 사람을 조나라에 보내 혜왕을 설득하도록 했지요.

조나라에 도착한 소대는 직접 말하지 않고, 재미난 이야기를 들어가며 혜왕을 설득했어요.

"오늘 제가 조나라로 들어오다 강을 지나게 되었습니다. 그런데 강변을 자세히 보니, 조개 한 마리가 입을 벌리고 볕을 쬐다가 황새에게 쪼아 먹힐 위기에 처해 있었습니다. 조개는 깜짝 놀라 얼른 입을 다물었고, 황새는 조개에게 주둥이를 물려 어찌할 줄 몰라 하고 있었습니다. 바로 그때 이 모습을 구경하던 어부가 나타나 황새와 조개를 한꺼번에 망태에 넣어 잡아갔습니다[어부지리(漁夫之利)]. 연나라가 조개라면 조나라는 황새입니다. 우리의 싸움이 길어져 지치게 되면 강한 진나라가 어부가 되어 우리 둘을 얻게 될까 봐 심려됩니다. 왕께서는 부디 깊이 생각하여 주십시오."

지혜로운 소대의 말에 혜왕은 고개를 끄덕이며 연나라를 침략하려던 계획을 포기했다고 해요.

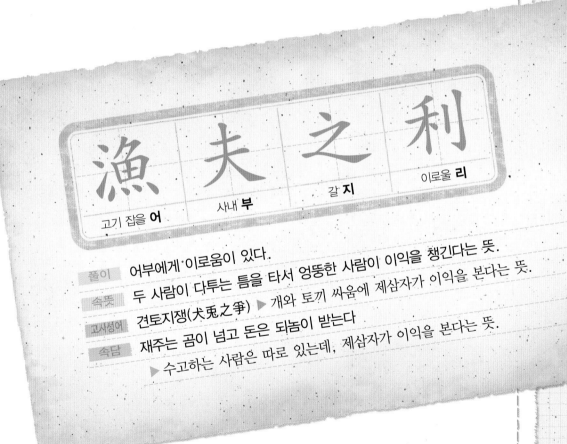

漁 夫 之 利

고기 잡을 **어**　　사내 **부**　　갈 **지**　　이로울 **리**

**풀이** 　어부에게 이로움이 있다.

**속뜻** 　두 사람이 다투는 틈을 타서 엉뚱한 사람이 이익을 챙긴다는 뜻.

**고사성어** 　견토지쟁(犬兎之爭) ▶ 개와 토끼 싸움에 제삼자가 이익을 본다는 뜻.

**속담** 　재주는 곰이 넘고 돈은 되놈이 받는다
　　　　▶ 수고하는 사람은 따로 있는데, 제삼자가 이익을 본다는 뜻.

와 함께 하는 이야기 속 **어부지리**

"발표회가 다가왔어요. 우리 반 친구들도 대강당에서 예쁜 율동과 노래를 부를 거예요!"

"와아!"

아이들은 환호성을 질렀어요.

"앞으로 연습할 때 선생님을 도와줄 사람이 필요한데……."

재미는 당연히 지원이나 소라가 대표가 될 거로 생각했어요. 공부나 음악, 운동…… 뭐든 다 잘하는 아이들이니까요. 재미는 그 친구들이 자랑스러웠지요.

"선생님, 저는 태권도 대회가 얼마 남지 않아서 연습 때문에 시간이 없어요."

지원이가 곤란한 얼굴로 말했어요.

"그럼, 소라는 어떠니?"

"저는 이번 달부터 수업 끝나고 학원에 다니기로 했어요."

"그래? 그럼 누가 대표로 선생님을 좀 도와줄까?"

"이재미를 추천합니다."

재미는 깜짝 놀랐지요. 지난번 일로 창민이와 친해지기는 했지만, 자기를 추천할 줄은 몰랐거든요.

"학예회가 끝날 때까지만 재미가 선생님을 도와줄래?"

"네. 알겠습니다."

선생님 부탁에 재미는 대표를 맡게 되었어요. 옆에 있던 지원이가 재미를 축하해 주었어요.

"축하해!"

"뭘……."

재미의 시큰둥한 반응에 소라는 이상하다는 듯이 물었어요.

"대표가 되는 게 싫어?"

"그건 아니고……. 지원이나 네가 될 걸, 둘 다 포기하는 바람에 내가 어부지리로 된 거잖아."

지원이는 웃으며 말했어요.

"창민이가 추천하지 않았으면 내가 하려고 했어. 대표로 네가 가장 적당하다고 생각했거든."

그 말을 들으니 재미는 기운이 났어요. 정말 잘해야겠다고 생각했답니다.

교과서 속 **어부지리** 퀴즈

# 주먹이의 모험

**3학년 1학기 읽기**

아주 작은 주먹이는 아버지와 낚시하러 갔다가 솔개에게 잡혀가요. 하지만 그것을 지켜보던 독수리가 주먹이를 빼앗으려고 했어요. 둘이 다투다 그만 주먹이는 바다로 떨어지고, 바닷속 커다란 잉어가 주먹이를 날름 잡아먹게 되지요. 이처럼 엉뚱한 사람이 이익을 챙긴다는 뜻을 가진 말은?

❶ 소탐대실        ❷ 일거양득

❸ 어부지리        ❹ 유비무환

이 이야기에서 어부지리의 어부처럼 엉뚱하게 이익을 챙긴 것은 누구인가요?

❶ 솔개          ❷ 잉어

❸ 아버지        ❹ 독수리

어부지리와 같은 뜻을 가진 속담을 찾아 적어 보세요.

# 29

## 선견지명

## 다가올 미래를 내다보다

출전 《후한서(後漢書)》의 〈양수전〉

삼국시대 위나라의 조조는 삼국 중 하나인 촉한의 유비와 싸움을 하고 있었어요. 하지만 상황이 불리해져 철수할지 진격할지 고민해야 했지요.

어느 날, 조조는 닭국을 먹으며 마음의 결정을 내렸어요.

'닭의 갈비뼈가 살은 많지 않지만, 안 먹으면 아까운 것처럼 촉한과 싸워 얻으려는 한중 땅이 꼭 그러하다. 그러나 이제는 미련을 버려야겠구나.'

조조는 마음속으로 철수하기로 결정을 내렸어요. 그리고 그날의 암호를 묻는 부하에게 닭의 갈비뼈라는 뜻을 가진 '계륵(鷄肋)'이라고 알려주었지요.

그러나 그 부하는 조조의 철수 명령을 알아듣지 못했어요. 이때 조조의 속마음을 알아차린 양수가 군사들에게 퇴각 준비를 시켰어요. 조조는 자신의 속마음을 양수에게 들키자 몹시 화가 나서는 양수를 그 자리에서 죽이라고 했어요.

   얼마 후 양수가 죽었다는 소식을 들은 양표는 몹시 슬퍼하며, 자신을 찾아온 조조에게 말했어요.

   "한무제의 신하였던 김일제*와 같이 앞을 내다보는 안목[선견지명(先見之明)]도 없이, 어미 소가 송아지를 핥아주는 사랑만 가지고 있었던 것이 부끄럽습니다."

   양표는 아들을 죽인 조조에게 이와 같은 말로 자신을 탓하며, 은유적으로 원망했다고 해요.

★ **김일제**　한무제의 신하로 큰아들을 한무제의 농아로 들였으나, 아들의 버릇없는 행동이 장래에 문제 될 것을 걱정하여 아들을 죽였다.

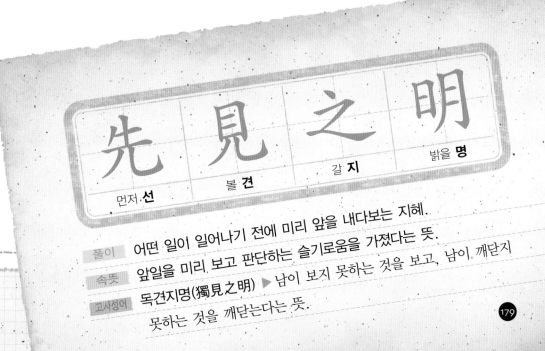

先 먼저 **선**　見 볼 **견**　之 갈 **지**　明 밝을 **명**

**풀이**　어떤 일이 일어나기 전에 미리 앞을 내다보는 지혜.

**속뜻**　앞일을 미리 보고 판단하는 슬기로움을 가졌다는 뜻.

**고사성어**　독견지명(獨見之明) ▶ 남이 보지 못하는 것을 보고, 남이 깨닫지 못하는 것을 깨닫는다는 뜻.

　　드디어 학예회 날이에요. 재미네 반 아이들은 노란색 티셔츠에 청바지와 청치마를 입었지요.

　　"으, 떨려!"

　　재미가 일부러 떠는 척하자 창민이가 물었어요.

　　"다 같이 하는 건데 뭐가 떨려?"

　　그때 '악!' 하는 소리가 들렸어요. 재미는 빨리 달려갔지요.

　　"무슨 일 있어?"

　　"어떡해! 모자를 잃어버렸어. 분명히 가방에 넣었는데 아무리 찾아봐도 없어."

　　"걱정하지 마. 내가 혹시 몰라서 집에 있던 노란 모자를 하나 더 챙겨왔어."

　　재미는 가방에서 모자를 꺼내 주었어요. 그런데 이번에는 우빈이의 노란 티셔츠가 온통 젖어 있었어요.

　　"재미야, 우유 먹다가 엎질렀어. 어떻게 하지?"

　　재미는 자신만만한 얼굴로 말했어요.

"걱정하지 마. 지원이에게 노란 티가 있으면 하나 더 가져오라고 했으니까."

그러자 창민이가 엄지손가락을 치켜들며 말했지요.

"오! 역시 우리 반 대표야!"

지원이는 노란 티를 꺼내 주며 말했어요.

"재미가 선견지명이 있었네? 이렇게 될 줄 미리 알고 노란티를 가지고 오라고 했으니 말이야. 정말 대단한데?"

"뭘 이런 거 가지고……."

드디어 학예회가 시작되고 재미네 반은 세 번째로 무대에 올랐지요. 엄마, 아빠, 보안관 할아버지까지 모두 오셨어요. 재미는 힘차게 손을 흔들어 보였지요.

드디어 멋진 율동과 노래가 시작되고 무사히 공연이 끝났어요. 큰 박수가 쏟아졌고, 무대 뒤에 있던 선생님도 아이들을 반겨주셨어요.

"너무 잘했어, 정말 수고했다. 얘들아! 특히 재미, 그동안 수고 많았어. 우리 모두 재미에게 박수 쳐주자!"

'짝짝짝!' 아이들은 힘차게 박수를 쳐주었어요.

## 떡시루 잡기

**1학년 1학기   읽기**

**1** 호랑이와 두꺼비는 똑같이 나눠 먹기로 하고 떡을 쪘어요.
그런데 욕심이 생긴 호랑이가 혼자 다 먹을 생각에 내기를
하자고 하지요. 어떤 내기일까요?

❶ 떡시루 잡기          ❷ 달리기 시합

❸ 수영 시합            ❹ 가위바위보

**2** 내기를 시작하자 호랑이는 생각대로 빨리
뛰어갔어요. 하지만 시루가 구르면서 떡이 조
금씩 밖으로 나오자 두꺼비는 천천히 걸어가며 떨어진 떡을 다
주워 먹었어요. 두꺼비는 앞일을 미리 판단할 수 있는 무엇이
있었을까요?